Couronnée d'épines

Sabine Essimbi

Couronnée d'épines

Quand l'espoir renait au-delà de la douleur

Couronnée d'épines © 2022 par Sabine Essimbi.
Tous droits réservés. Les Éditions Blossom

ISBN : 978-2-9817817-3-4

Dépôt légal
Bibliothèques et Archives Nationales du Québec 2022
Bibliothèque et Archives Nationales du Canada 2022

Auteur : Sabine Essimbi, sabinessimbi.com
Couverture : Luckensy Odigé
Édition : les Éditions Blossom.
Photographies de couverture : Yvette Cakpo Photographe.

Toutes les photos à l'intérieur du livre sont la propriété de Sabine Essimbi. Les noms des personnages contenus dans ce livre ont été modifiés dans un souci de protection de la vie privée. Les points de vue énoncés dans ce livre appartiennent strictement à l'auteur. Il est interdit de recopier, complètement ou en partie, un ou plusieurs passages de ce livre sans l'autorisation écrite de l'auteur.

À mon papa Etienne Essimbi Elandi que nous appelions affectueusement Eteu, parti il y a 15 ans de cela. Merci d'avoir été mon père, le meilleur ami et allié que je n'ai jamais eu dans cette vie. Je pensais après ta perte qu'avoir passé 18 ans à tes côtés était insuffisant mais pendant ton temps sur cette terre, tu m'as appris tout ce dont j'avais besoin dans cette vie. Que ton âme repose enfin en paix, car ces dernières années je ne t'ai pas réellement laissé partir.

À toi Maman, mon socle, mon rocher après Christ. Merci de m'avoir choisi comme ta fille car tu es définitivement une bénédiction pour plusieurs et pour ma vie. Tu demeures le choix de Dieu.

À toi mon fils Etienne Johan, mon premier né, mon bijou d'une valeur très inestimable. Rappelle-toi toujours quand tu liras ce livre que maman t'aime au-delà de tout.

À mes frères et ma sœur, il n'y a pas de hasard dans cette vie. Ma vie ne serait jamais pareille sans vous. Je vous aime tellement.

Sommaire

Remerciements 11
Préface 14
Introduction 17
Comme il était au commencement 20
Mon cocon familial 37
Une enfance complexe 51
Quand grandir n'est plus une option 68
Ces choix de vie 83
L'affront 93
Des leçons pour la vie 102
Le départ 111
La mort de trop 123
La descente aux enfers 131
L'enfer sur terre 145
Espoir 161
Conclusion 181
Couronnes de Joie 186

Remerciements

Il me tient à cœur de marquer une pause pour remercier toutes les personnes spéciales sans qui ce livre n'aurait pas vu le jour.

Merci à ma mère, ma reine, mon soutien inébranlable qui m'encourage toujours dans tous mes projets, même quand elle a du mal à comprendre. Merci de me soutenir par la prière, les conseils dans tout ce que j'entreprends. Merci de toujours croire en moi et surtout de m'avoir choisi pour être ton dernier enfant, ta fille. Je ne le dis pas souvent mais je t'aime tellement maman et je suis heureuse de t'avoir comme mère. Tu restes ma plus grande source d'inspiration.

Merci à toi Steve, mon ami fidèle après toutes ces années. Merci de t'avoir rendu disponible pour que je puisse finaliser les dernières étapes de la concrétisation de ce projet d'écriture. Sans toi, ça aurait été très difficile. Merci pour tout. Tu m'es précieux et tu demeures ma plus belle connexion divine.

Merci à mon poète Bebe Muna, la personne sans qui ce projet n'aurait pas existé. Merci de m'avoir soutenu sept ans plus tôt lorsque je commençais à écrire mon histoire. Merci pour tes critiques constructives, pour tes conseils. Merci de m'avoir toujours motivé à écrire même quand j'avais abandonné ce projet. Merci de t'être rendu disponible une fois que le moment est venu pour moi de me lancer. Tu es et demeure pour moi un mentor, une personne en or, une personne sur qui je peux réellement compter.

Merci à toute l'équipe des Éditions Blossom, particulièrement à Aurélie Nseme et Joe Mutanda. Merci de m'avoir permis de matérialiser ce projet d'écriture en un laps de temps. J'admire votre efficacité et votre professionnalisme. Je suis heureuse d'avoir travaillé avec vous. Grâce à vous, j'ai pu élargir mes connaissances dans l'édition d'un livre.

Merci à vous Sandra, Agnès et Celanie, mes sœurs de cœur, d'avoir adhéré à mon idée de création d'une association. Merci de vous rendre disponible afin qu'à travers "Couronnes de Joie" des vies soient transformées en bien, que l'espoir et la joie puissent renaître des personnes démunies, accablées par le poids des épreuves. Toute seule, il est clair que je n'y arriverai pas.

Et je ne saurais finir sans remercier mon Seigneur Jésus Christ sans qui tout ceci n'aurait pas été possible. Merci Père de m'avoir choisi le premier, merci d'avoir investi en moi quand j'étais dans la tourmente de l'épreuve, merci de m'avoir ôté cette couronne d'épines qui devenait trop lourde à porter.

Merci de m'avoir challengée, équipée, qualifiée à suivre l'appel que tu as déposé dans mon cœur pour ma vie, celle de mes enfants, ma famille et pour ce projet d'entraide qu'est *Couronnes de joie*. Je te suis à jamais reconnaissante de tout l'amour dont tu me combles au quotidien. Je désire demeurer auprès de Toi, toute ma vie.

Sabine Essimbi

Préface

Naître est une grâce, et donner la vie l'est encore plus. Le sentier de tout être humain est parsemé d'embûches et d'épreuves, qui forgent la personnalité et façonnent l'individu. Celui de Sabine a été marqué de moments inoubliables, de souvenirs vifs et poignants, qui l'accompagneront le reste de sa vie.

Du décès de sa voisine la plus proche à son plus jeune âge, qui fut sa première amie et confidente, marque le début d'une série de situations tragiques qui s'ensuivent jusqu'à l'âge adulte. La mort subite et mystérieuse de son papa, suivie des acharnements violents, de déceptions et propos injurieux des proches, ne firent qu'attiser en la jeune Sabine une soif d'évasion sans cesse grandissante.

Cette soif, mêlée à un besoin juvénile d'amour, fut plus tard clôturée par la naissance prématurée du seul être qui aujourd'hui est sa force et son inspiration: Etienne Johan. N'eusse été ce visage innocent et beau qui lui sourit chaque matin et la pousse à des nuits de prière intensifiées,

Sabine aurait sans doute perdu l'envie de vivre. La présence de son fils a réussi à la convaincre de l'existence de Dieu et l'infaillibilité de ses promesses.

Aujourd'hui elle vit, le regard fixé vers l'avenir non plus comme la petite Vogtoise timide et fragile, mais comme la femme transformée et en quête de sagesse. La maman intrépide, belle et couronnée d'épines...

Bebe Muna

Introduction

Je me suis finalement décidée à exprimer par écrit tout ce qui vit en moi depuis des années. « Pourquoi maintenant ? » pourrait surgir instantanément dans votre esprit. Au fil du temps, j'ai développé une sensibilité à discerner les saisons, les temps et les circonstances, j'ai appris à sentir les choses arriver à moi grâce à ma relation avec le Saint-Esprit. En ce moment précis, mon esprit, mon âme, mon corps et mes pensées sont en accord.

Ce que ma bouche ne peut déclarer aujourd'hui publiquement, ma plume le fait ce mardi 15 décembre 2020 : c'est bientôt la délivrance, elle est proche ! Le livre d'Habacuc nous dit de mettre la vision par écrit en la gravant sur des tablettes, afin qu'elle puisse être vue et lue par tous. L'accomplissement de cette vision est fixé pour un temps précis et si jamais elle tardait à s'accomplir, il convient de l'attendre, car elle s'accomplira certainement.

Dans la même lancée et en guise de témoignage, j'ai décidé de graver cette vision qui m'a été transmise. Ainsi, je peux dire qu'en vue de la délivrance précédemment évoquée, le temps de l'accomplissement est enfin arrivé. Il y a un temps pour tout sous le soleil. Celui de la délivrance est arrivé.

Il y a sept ans, j'ai commencé à rédiger une histoire, mon histoire, sans réellement connaître les tournures qu'elle prendrait par la suite. Cet exercice me paraissait à la fois difficile et sans importance, c'est pourquoi j'ai cessé d'écrire. Je ne voyais pas qui pourrait s'intéresser à cette histoire. Une fois de plus, j'ai mis fin à un projet jusqu'alors inachevé.

À l'époque déjà, j'avais plusieurs fois abandonné des activités que j'avais entamées. Le non-accomplissement est certainement l'un des maux qui minaient et surplombaient mon existence. Le pire, c'est que je ne m'en rendais même pas compte. Finalement, arrêter ce projet d'écriture signifiait simplement me consacrer à la nouvelle vie qui se présentait à moi, la seule chose que j'avais réellement en tête. Pour la première fois, je m'apprêtais à devenir maman, assumer un rôle important, lourd de sens et de responsabilités. Écrire mon histoire ne paraissait pas être une priorité, encore moins une nécessité.

Aujourd'hui, je retourne vers cette activité d'antan avec d'autres paramètres et une vision différente, qui vous permettront de comprendre ma déclaration de ce jour : le temps de la délivrance de mon fils est enfin arrivé. Car tout au long de cet ouvrage, il ne s'agira pas uniquement de mon histoire, mais aussi celle de la venue au monde de mon premier fils Étienne Johan.

Comme il était au commencement

Mon histoire a commencé il y a trente-trois ans. Je suis le septième enfant de ma famille, la dernière. Le sept, ce fameux chiffre qui désigne la plénitude est aussi décrit comme étant le jour où Dieu se reposa de son œuvre, après avoir créé la terre. C'est en effet le septième jour qu'il a constaté que son travail était parfait.

Pour la petite anecdote, je suis ce qu'on appelle en Afrique et plus particulièrement au Cameroun, mon pays d'origine, l'enfant de la retraite. Autrement dit, je suis l'enfant du repos. Le repos dont il est question ici est celui que l'on prend lorsqu'on a la conviction et la satisfaction que le travail accompli durant tant d'années est bon, parfait et a produit des fruits.

Je me vois donc comme l'accomplissement parfait de mes parents en tant que couple et dans leur mission de procréation. Ma mère aime me raconter depuis ma tendre enfance comment je suis venue au monde. Je suis le fruit de ses prières répétées au Père céleste, la deuxième fille tant recherchée par ma mère dans un univers de garçons. Cette fille qui prendrait soin d'elle dans ses vieux jours. Plus les années passaient, plus elle espérait et priait pour ma venue. Et c'est comme ça que je suis née, le septième jour du deuxième mois de l'an 1987 après sept mois de grossesse.

J'étais la réponse à ses prières. Comme quoi, le chiffre 7 a toujours fait partie intégrante de ma vie. Selon ses dires, je n'ai pas eu besoin d'incubation puisque je présentais déjà les allures d'un enfant né à terme. Comme j'étais pressée de sortir de son ventre pour découvrir le monde !

Ma mère m'a toujours considérée comme un enfant spécial, car j'étais la seule de ses enfants pour lequel elle avait vraiment importuné le Ciel. Ça me rappelle cette femme dont la foi pour la délivrance de sa fille était tellement grande, et qui savait que cette délivrance ne viendrait que par le Messie. Elle l'avait tant importuné, qu'il a fini par céder et lui accorder l'accomplissement de sa requête.

C'est donc en mode « Importunons le Seigneur » que je suis entrée dans cette famille où tout le monde m'attendait patiemment. Étant le bébé de toute la famille, j'ai reçu le sobriquet « Baby » dès le berceau. Pour marquer l'arrivée de cet enfant spécial, mon père a décidé de me donner le nom de ma mère, qui est également celui de sa grand-mère : Sabine Ndzengue.

J'ai encore à l'esprit cette histoire que me racontait ma mère: comment mon arrière-grand-mère, du nom de Sabine, avait prophétisé sur ma vie peu après ma naissance, car elle était heureuse de ce que mon père lui ait accordé une autre *mbombo*[1]. En effet, lorsque je suis née, mon arrière-grand-mère avait déjà plus d'un siècle et selon les dires de Maman, elle était encore bien solide physiquement, et pouvait marcher sans canne.

Pour revenir à l'histoire de la prophétie, mon arrière-grand-mère Sabine chantait des cantiques, des louanges en l'honneur de l'Éternel, pour le remercier de ma venue sur terre et du nom que je portais. Elle me racontait l'histoire de sa vie en me bénissant de nombreuses grâces, puisqu'elle disait avoir elle-même avait trouvé grâce aux yeux du Seigneur.

Elle ne cessait de me répéter : « Tu seras semblable à moi, mon Dieu tout-puissant va t'utiliser; qu'il t'élève dans la vie, comme il l'a fait avec moi. Qu'il t'accorde une grande

---

[1] Homonyme

destinée ! » Même s'il est vrai que je n'ai pas de réels souvenirs d'elle, j'ai grandi avec cette prophétie gravée en moi. Cependant, pendant longtemps, je l'ai interprétée de la mauvaise manière.

*

Selon l'histoire rapportée par ma mère, mon arrière-grand-mère était une matriarche très respectée dans son clan, un clan de la tribu Ewondo, du groupe ethnique Fang-Beti[2]. Elle était la seule femme faisant partie du conseil des sages du clan. Une chose assez invraisemblable à son époque, surtout dans une société purement patriarcale où les femmes n'avaient pas droit de parole, encore moins en public. Elles étaient formées pour les tâches domestiques et champêtres, et devaient s'occuper de leurs foyers respectifs et des enfants.

Bien que toutes ces besognes n'échappassent pas à son arsenal, Sabine était déjà dans son temps une féministe dans l'âme et savait imposer le respect de ses idées. Elle était considérée, mais aussi réputée dans la contrée pour ses

---

[2] Aujourd'hui désigné par l'appellation Ekang.

divers talents et dons, notamment celui de la guérison. Elle avait pour mission d'aider et de soigner les gens de diverses maladies, mais sa priorité était de s'occuper des femmes avec des problèmes de conception.

Son don reposait sur la pharmacopée traditionnelle. Elle maitrisait toutes les plantes nécessaires, qu'elle utilisait comme médicaments pour soigner les personnes souffrantes. Plusieurs femmes foudroyées par l'infertilité auraient trouvé grâce auprès d'elle et ont pu concevoir. Elle opérait des miracles dans les vies sous l'onction du Saint-Esprit.

Pour une personne qui n'avait pas fait d'études, je reste persuadée que ce don ne pouvait lui venir que d'en haut. Et elle ne le cachait pas. Si elle est devenue cette femme tant respectée, c'est uniquement parce que la main de Dieu était sur sa vie. Elle était prospère et ses enfants aussi. Comme les femmes qu'elle aidait, elle-même a eu des problèmes pour concevoir : elle a eu quatre enfants, deux garçons et deux filles. L'ainée, Memah Yoana (Maman Yoana comme on l'appelait), lui a légué un régiment de petits-enfants. Ils sont tellement nombreux que je ne les connais pas tous. Lorsqu'on regarde l'arbre généalogique de la famille, j'ai déjà le statut de grand-mère à seulement 33 ans, et qui sait, bientôt celui d'arrière-grand-mère.

Papa et maman très jeunes en 1977

Le premier fils, Basile Emah, était une grande figure politique au Cameroun, qui a occupé les fonctions de maire dans plusieurs communes, puis celle de deuxième délégué du gouvernement auprès de la communauté urbaine de Yaoundé, fonction qui l'a fait connaître au grand public et qu'il a occupée jusqu'à sa mort.

Sa troisième enfant, Memah Youli (Maman Youli), était la mère de Maman et la seule de mes grands-parents que j'avais vraiment connue dans ma vie, les autres étant déjà décédés avant ma naissance. Excellente cuisinière, Memah Youli était prospère dans son métier de couturière.

Pour finir, le fils cadet, Pierre-Ema Ottou, a suivi les traces de sa mère. Après avoir terminé ses études de pharmacie en France, il a ouvert l'une des premières pharmacies de la ville de Yaoundé. Il était également une figure politique au Cameroun, mais dans l'opposition, contrairement à son frère ainé. Je me souviens de sa légendaire pipe à la bouche et de son charisme. Papi était d'une élégance et à l'époque déjà, ses cheveux étaient toujours bien coiffés et défrisés.

Voici donc les quatre enfants de Sabine Ndzengue, matriarche du clan Mvog-Betsi, la femme qui avait prophétisé sur ma vie peu après ma naissance.

*

Outre ses responsabilités familiales et professionnelles, elle a été l'initiatrice de l'association de femmes *Ekoan Maria*[3], qui subsiste encore. L'association, créée en 1910, et présidée par Maman, a plus de 100 ans d'existence. Mon arrière-grand-mère Sabine, que l'on appelait affectueusement Memah Nna (Maman Nna) a eu une vie très riche et que beaucoup pourraient qualifier de réussie. Malgré tout, j'ai toujours trouvé son histoire un peu triste.

Le père de Memah Nna avait contracté une dette pour un projet de plantation de cacao. Les produits de la récolte devaient contribuer à rembourser sa dette et à lancer son activité de cacao. Avec l'argent de la dette, il a donc commencé la plantation. Au moment des récoltes, la plantation fut ravagée par des phénomènes étranges dont on ne connaît l'origine. Certaines personnes de son entourage ne voulaient pas le voir réussir dans le domaine du cacao, car il avait potentiellement trouvé un gros client étranger.

Endetté et sans aucune autre source de revenus, sa situation économique s'est empirée après ce désastre. Son

---

[3] Association des filles de Marie

créancier s'est présenté à la date fixée pour réclamer son dû. Le père de Memah Nna n'étant pas en mesure de rembourser celui-ci, il est allé voir le chef du village pour déposer sa plainte, comme cela se passait à l'époque. Le chef du village était comme un juge du tribunal qui décidait des litiges entre les habitants. Il accorda au père de Memah Nna un sursis de quatorze jours pour régler sa dette.

La famille entière, parents comme enfants, se mobilisa pour solder cette dette, mais malgré tous leurs efforts, ils ne parvinrent pas à récolter la somme d'argent réclamée. Au bout des quatorze jours, la sentence du chef du village était irrévocable : le père de Memah Nna devait céder quelque chose de précieux pour solder sa dette. Il pensait à sa maison, ou encore son lopin de terre, mais il était loin de s'imaginer ce qu'on lui réclamerait. Il devait livrer un de ses enfants en esclavage à son créancier.

N'ayant pas le choix, il finit par céder, au grand désarroi de sa femme, qui implorait tous les dieux du monde de leur venir en aide. Après réflexion, il choisit son dernier enfant comme moyen de paiement, parce que selon lui, le lien affectif n'était pas aussi fort. Et c'est ainsi que Memah Nna, mon arrière-grand-mère, s'est vue arrachée des bras de sa mère à l'âge de quatre ans, alors qu'on l'allaitait encore.

Dès son bas âge, sans repères et sans aucune expérience, elle s'est vu octroyer les corvées les plus pénibles de la maison du créancier de son père. Elle était non seulement marginalisée, mais elle subissait aussi constamment des violences physiques et émotionnelles.

Quelques années plus tard, alors qu'elle avait environ 10 ans, le créancier de son père ayant lui-même contracté une dette et n'étant pas en mesure de la payer, elle fut de nouveau vendue comme esclave. Meurtrie, elle ignorait ce qui l'attendait. À un si jeune âge, sa vie était synonyme de douleur et tristesse. Elle se demandait si elle connaîtrait la joie sur la terre des vivants.

Après de longues journées de marche avec son nouveau maitre et ses hommes de main, elle arriva dans le village appelé Meyong[4] dans une maison plutôt moderne, différente de tout ce qu'elle avait vu jusqu'alors. Le destin l'avait conduite dans la maison du grand chef du clan des Mvog-Betsi, en pays Ewondo.

---

[4] Le quartier Etetak à Yaoundé

On l'appelait Peupah André (Papa André). Il lui présenta sa fille unique, Memah Tsiti, dont elle serait la principale servante. Memah Nna devait dorénavant obéir à Memah Tsiti, la jeune princesse capricieuse et à Sa Majesté, la reine mère. Peupah André lui a fait faire le tour du propriétaire, pour lui montrer ses nombreuses terres[5], son bétail, ses troupeaux, ses champs de cacao et tous les esclaves qui travaillaient à son compte, comme ce serait son cas désormais.

Memah Nna travaillait dur et se sentait si seule. Il lui arrivait de repenser à la famille qu'elle avait brutalement quittée. Elle se demandait pourquoi le sort était contre elle, comment sa vie pouvait être d'une telle tristesse. Les rares souvenirs joyeux en famille s'estompaient peu à peu avec le temps. Comble de malheur, Memah Tsiti et Sa Majesté la reine mère lui rappelaient sans cesse sa condition d'esclave. Leur comportement était sûrement dû à de la jalousie, car elles avaient remarqué comment Peupah André l'avait adoptée rapidement, ce qu'il n'avait jamais fait auparavant pour ses esclaves.

---

[5] En réalité, tout le village Meyong.

Il s'avère que Memah Nna avait trouvé grâce à ses yeux. Il avait remarqué qu'elle était une enfant dynamique et travailleuse, et qu'elle avait le pouvoir de transformer en bien et en beau tout ce qu'elle entreprenait. Memah Tsiti et Sa Majesté la reine mère ont commencé à voir Memah Nna comme une rivale à évincer. Or, tout ce qu'elles entreprenaient pour nuire à Memah Nna n'aboutissait pas. Memah Nna se confiait au Seigneur avec ferveur et elle demeurait la petite protégée de Peupah André.

Peupah André voyait Memah Nna comme une personne très vaillante, dotée d'une grande sagesse. Il se dit qu'il devait donc investir en elle. Il commença à lui enseigner les rouages et les secrets de ses activités. Pour la première fois, Memah Nna se sentait en sécurité, elle avait enfin trouvé une personne bienveillante qui prenait soin d'elle et voulait la voir évoluer. Elle prit à cœur tout ce que Peupah André lui disait et s'investit dans l'apprentissage. Elle était prospère dans ses activités et l'héritage de Peupah André croissait de jour en jour. Avec Memah Nna à ses côtés au fil des années, il s'enrichi davantage.

Malheureusement, il n'avait qu'un seul enfant et sa femme ne parvenait plus à concevoir. Or, il espérait avoir une descendance au travers de sa fille Tsiti. Un jour, il se dit que Memah Nna pourrait lui susciter une descendance. Il décida donc de la prendre pour femme, non pas pour lui, mais pour son frère Emah, qui vivait loin du village, dans la forêt (cette forêt est aujourd'hui le quartier Melen à Yaoundé). Memah Nna a donc été donnée en mariage à un homme qu'elle n'avait jamais vu auparavant. Malgré cela, son statut avait changé après des années de souffrance. La douleur gravée dans sa chair laissait place à la joie. Son statut d'esclave fut changé en statut royal, elle faisait désormais partie de la famille royale des Mvog-Betsi. Dieu avait changé son histoire.

Après ce moment d'immense joie, les difficultés reprirent, car qu'elle n'arrivait pas à concevoir. Elle recevait constamment des moqueries de la part de Memah Tsitsi : « Une esclave ne pourra jamais susciter une descendance à mon père et régner ici à ma place ! » Face à ses moqueries, Memah Nna se vit contrainte de trouver des solutions pour vaincre l'infertilité. De cette douleur émotionnelle naquit cette passion pour la pharmacopée traditionnelle : trouver les plantes capables de résoudre son problème de conception. Dans son acharnement, elle finit par trouver ces plantes miracles pour gérer ce problème et celui d'autres femmes. Par preuve, elle a donné naissance à quatre enfants.

Memah Tsiti en revanche n'a pas eu d'enfants. Son orgueil était si démesuré qu'elle n'a jamais voulu recevoir de l'aide de celle qu'elle considérait comme une esclave. Finalement, ce qu'elle avait toujours redouté finit par arriver. Comme Job le disait à ses amis lorsque le malheur a frappé : « *Ce que je crains, c'est ce qui m'arrive. C'est le malheur que je redoute qui s'abat sur moi* ». La prospérité, la descendance et l'héritage de Peupah André furent assurés par Memah Nna.

Malgré tout, Memah Tsiti n'a jamais cessé de les qualifier d'esclaves, elle et ses enfants. Pourtant, Memah Nna avait interdit à ses enfants de lui répondre. Elle avait promis à Peupah André avant sa mort de toujours prendre soin de Memah Tsiti, qui restait sa seule famille. Memah Nna, celle qui avait subi toute cette douleur depuis sa plus tendre enfance, connut une fin heureuse : d'esclave à reine en pays Ewondo.

S'il est vrai que cette histoire s'est bien terminée pour mon arrière-grand-mère, elle m'a longtemps révoltée. Devait-elle passer par tant de souffrances pour être couronnée ? J'avais du mal à saisir les desseins divins en arrière de sa vie. Mais je comprends aujourd'hui que Dieu est souverain et que ses voies sont insondables.

Voici donc les fondements de mon existence : je suis la descendante d'une reine couronnée de douleurs, qui fut jadis une esclave.

Sur cette photo sont représentées trois générations lors de la célébration d'une messe : à droite, mon arrière-grand-mère Sabine Ndzengue (Memah Nna), au milieu sa première fille Memah Yoana et à gauche (à genoux), le premier enfant de Memah Yoana, Memah Tere.

Mon cocon familial

J'ai eu le privilège, dès mon plus jeune âge, de recevoir toute l'attention et l'amour dont j'avais besoin, bien qu'étant issue d'une famille nombreuse. Je n'ai manqué de rien. Avec un style vestimentaire et des cheveux toujours propres, mes jouets, mes souliers et la fraîcheur de ma peau me distinguaient bien des autres enfants du quartier, dont le regard laissait parfois paraitre tristesse ou envie.

Au quartier, certains enfants m'appelaient *« Mouna for tété »*, une expression utilisée dans le jargon camerounais pour désigner un enfant issu d'une famille assez riche et aisée. Ils ignoraient que notre famille était de la classe moyenne. Mes parents étaient de bons investisseurs, ce qui nous permettait de vivre aisément. Ils mettaient le paquet sur notre bonheur et notre éducation en particulier. Je ne me souviens pas d'un jour où j'ai été exclue d'un cours parce qu'il me manquait du matériel scolaire ou parce que les frais de scolarité n'étaient pas payés. Mes aînés et moi-même n'avons manqué de rien.

Je garde en souvenir ces moments où la maison s'est vidée d'un coup, parce que mes aînés, George, Chris et Isabel, ont quitté le berceau familial pour faire leurs études à l'étranger. Leur absence se fit rapidement ressentir. Les cris et les blagues qui égayaient la maison avaient laissé place à un silence auquel je n'étais pas très habituée. Pour essayer de combler ce vide, les parents s'étaient efforcés de créer une certaine harmonie à la maison.

J'étais habituée à l'ambiance d'une famille nombreuse, à avoir tous les yeux rivés sur moi. Mais avec tout l'amour que je recevais au quotidien, venaient également des règles strictes et sévères de mes parents assez protecteurs, y compris l'œil vigilant de mes frères qui, conscients de l'attention que suscitait leur sœur cadette, étaient prêts à tout pour me protéger et maintenir l'honneur de la famille.

Les fréquentations du quartier m'étaient désormais interdites : pas de filles à la maison, encore moins des garçons. Je n'avais plus le droit de jouer dehors avec les autres enfants. Les sorties après 18 heures étaient proscrites, même lorsque j'étais accompagnée d'un aîné. Pour couronner le tout, ma mère veillait à ce que je rentre toujours de bonne heure à la maison et surtout sans aucun incident. Elle m'inspectait à la loupe dès mon arrivée de l'école.

Un répétiteur me fut alloué trois fois par semaine, dans le but de surveiller mon avancement scolaire et de maintenir mon attention sur l'école. Tout était mis en place pour faire de moi la personne qu'on voulait que je sois, celle qui deviendrait plus tard une femme digne et respectée, éduquée au plus haut niveau, la fierté de la famille. « Tu seras médecin », disait mon père, alors que je n'étais qu'au primaire, et il y veillait d'une façon particulière. Je n'étais pas heureuse, car j'avais l'impression que mon paradis s'était transformé en une prison d'étain après le départ des aînés.

En effet, mes rêves allaient bien au-delà des livres, des honneurs et des diplômes. Enfant déjà, je m'intéressais à des sujets comme la mode, les cosmétiques ou le maquillage et me voyais évoluer dans ces domaines. J'étais en admiration devant ma mère et ses amies, toujours vêtues avec élégance, la peau et le teint satinés. Je voulais aussi découvrir le monde, sous ses angles multiples et variés, ainsi que la vie, au-delà de l'école, de la famille et du quartier que je connaissais.

Ma curiosité croissait avec le temps, et rapidement, mon désir et ma passion pour l'aventure surpassèrent la raison et la peur de l'inconnu. Je voulais partir, être libre ! Cependant, je devais finir avec le primaire, le secondaire et obtenir la clé de ma liberté : mon baccalauréat. Ce n'est que de cette manière que je pourrais vivre ma propre vie, sans règles.

Dans cet univers morose, Annabelle fut une bouffée d'air frais. C'était ma plus proche voisine qui habitait avec ses frères et ses cousins dans une concession appartenant à ses grands-parents. On allait à la même école et on avait l'habitude de rentrer ensemble à la maison. Annabelle était ma meilleure amie, la seule amie que j'avais et la seule que Maman me permettait de côtoyer.

Comme son nom l'indique, elle était d'une grande beauté et d'une douceur inouïe. Je me rappelle sa voix doucereuse et son sens de l'humour accru. Elle me disait souvent que je serais la femme d'un de ses frères ou de ses cousins, qu'ils étaient tous amoureux de moi. Un jour, elle me les présenta. J'étais tellement embarrassée ! Je me voyais mal choisir un amoureux parmi les garçons d'une même famille.

Ma relation avec Annabelle était authentique et vraie. Je m'épanouissais dans notre amitié, jusqu'à ce fameux jour où, en allant à l'école, je m'apprêtais à sonner chez elle quand soudainement, j'entendis des voix et des pleurs s'élever dans la maison. Le cœur battant à vive allure, je tentais d'ouvrir le portail, pour demander si Annabelle était prête pour l'école. C'est alors que quelqu'un sortit de la concession et me dit : « Tu cherches Annabelle ? Elle n'ira plus jamais à l'école avec toi. Annabelle vient de mourir, elle est morte ». J'ai reçu ces mots comme une dague dans le cœur. Quel choc ! J'avais du mal à assimiler cette nouvelle. Annabelle ne pouvait pas être morte, nous nous étions vues la veille ! Cela ne pouvait pas être vrai. Je décidai quand même de partir à l'école sans elle. On se verrait sûrement après l'école. Mais le soir à mon retour, la sentence était inchangée. Annabelle était bel et bien partie. Je m'effondrais en pleurs. Je venais de perdre ma seule amie et j'avais le sentiment de me retrouver seule au monde.

Je demandai à Maman la raison de sa mort.

« Hier, elle a commencé à se sentir mal. On a dû l'emmener chez le médecin, mais il n'avait pas le médicament adéquat pour la traiter. Elle a souffert toute la nuit, puis elle est morte. »

« Elle est vraiment morte à cause du manque de médicaments ? »

Traumatisée et malheureuse, je me retrouvais sans amie. Comment Annabelle avait-elle pu m'abandonner ? Avec qui pourrais-je encore rire et partager tout ce qui me passait par la tête ? Telles furent les interrogations qui me traversèrent l'esprit à la suite de son départ brusque. Je devais avoir six ans. Je ressentais comme un vide après sa mort. L'amour que je partageais avec mes frères fut la seule chose qui me permit de tenir le coup. Je les admirais tant. Ils étaient mes préférés, mes modèles, chacun avec sa particularité. On formait une belle paire malgré nos différences. Ils étaient mes seuls amis. D'ailleurs, à la suite du départ de nos trois aînés, c'est avec eux que je passais le plus clair de mon temps en dehors de l'école.

Le plus grand, Dominique, avait toujours été un grand fan de basketball, sport qu'il pratiquait. Du fait de son jeu et de son physique, on le surnommait « Pippen ». Pour la petite histoire, Scotty Pippen est un ancien joueur de basketball américain issu de la « NBA » et élu meilleur joueur de la saison dans les années 90. La plupart des fans de basket se souviennent de lui. Aujourd'hui, il a fait de sa passion un métier en devenant manager sportif et coach de basketball.

De plus, c'était un bel homme. Son physique lui assurait un certain succès auprès de la gent féminine. J'ai assisté un jour à une situation loufoque qui m'a marqué jusqu'à aujourd'hui. Nous étions un dimanche après-midi qui s'annonçait tout à fait normal. J'étais dans la cour quand je vis soudainement entrer une jeune fille. Elle me demanda si mon « frangin » était présent. Je lui proposais donc d'aller vérifier et de l'installer dans l'appartement en attendant.

À mon retour, il n'y avait plus une seule fille, mais bien six, qui avaient débarqué l'une après l'autre, à la recherche de mon frère. Chacune d'elle disait être la petite amie de Dominique. Le plus drôle dans l'histoire, c'est que mon frère était bel et bien présent. Il avait suivi la scène de loin et s'était réfugié dans la maison principale. La tension commençait à monter. J'ai dû user de stratagèmes pour les faire partir, prétextant que ma mère rentrerait bientôt de sa réunion du dimanche et qu'elle ne pourrait tolérer un tel vacarme chez elle.

Abasourdie, c'est ce jour-là que j'ai réalisé qu'un homme, s'il ne guérit pas, pouvait attirer le sexe opposé sans pour autant vouloir d'une relation sérieuse. En effet, Dominique vivait encore avec les blessures de son ex-copine, qui à l'époque, s'était mariée à son insu. Sans s'en rendre compte, il faisait du tort à ces jeunes femmes et malheureusement, il s'en faisait à lui-même. Avec tout cela, ma crainte était qu'il termine ses jours seul, mais il est devenu l'époux d'une véritable femme à l'image de Proverbes 31. Toute une restauration !

Wade, le cadet de Dominique et celui qu'on appelle l'homme à tout faire, était plutôt réservé, voire effacé. Sous son apparence timide et calme se cachait pourtant une très forte personnalité. On dit souvent que l'eau calme est profonde, eh bien c'est tout à fait lui ! Depuis l'enfance, il a développé une passion pour la littérature, le football et le judo. C'est celui qui m'a initié à la pop. Bien qu'on eût des domestiques à la maison, Maman insistait toujours pour qu'on mette la main à la pâte durant le weekend ; pendant nos matinées de nettoyage et lessive du samedi, on écoutait ses disques de pop américaine : de Michael Jackson à R. Kelly en passant par Brandy et Monica. Avec DJ Wade aux platines, on avait droit à la totale !

Wade est aussi celui qui était présent quand j'ai reçu ma première bicyclette de Maman. Il s'est chargé de m'apprendre à monter et à faire du vélo. Au niveau sentimental, c'était un loveur, contrairement à Dominique. À l'époque, il était amoureux d'une fille à qui il écrivait des poèmes d'amour et offrait des cadeaux. Depuis très jeune, il avait toujours témoigné un grand respect pour les femmes. Un véritable gentleman. Mon souhait a toujours été d'avoir un homme comme Wade, sensible et surtout, qui peut me défendre et me protéger.

D'ailleurs, je me souviens du jour où il a failli se battre avec une bande de garçons parce que l'un d'eux m'avait manqué de respect. Nous étions invités chez une des petites sœurs de Maman pour le baptême et la communion de nos cousins. Pendant les festivités, un jeune garçon un peu saoul n'arrêtait pas de m'ennuyer. Dans sa maladresse, il me toucha et je lui crachais à la figure. Il va sans dire que cela m'a valu une bonne gifle. Mon premier réflexe fut de crier à mon frère, qui lui a donné un coup de poing. Ce dernier, sentant qu'il ne pouvait pas riposter, appela sa bande d'amis, mais Wade ne se laissait pas intimider. Pour lui, personne n'avait le droit de manquer de respect à sa sœur. C'est en voyant la situation dégénérer que j'ai dû prendre l'initiative d'appeler les parents pour mettre fin à cette histoire.

Giovanni, le dernier fils et celui qui me précède, est la personne la plus sociable que je connaisse. On s'ennuie difficilement avec lui ! Il a toujours quelque chose à dire, et adore les discussions où il peut partager sa vision des choses. C'est la raison pour laquelle il a reçu le surnom de « Sophos », qui signifie le sage. Paradoxalement, il avait du mal à respecter les consignes des parents. Enfant, il était quelque peu rebelle. Il a aussi changé plusieurs fois d'écoles durant son parcours scolaire, ce qui lui a valu de rencontrer pas mal de monde. Très instinctif, il agissait comme il voulait et sortait à sa guise. C'est comme si toute punition ou réprimande de notre père le poussait à se rebeller davantage. J'en ai d'ailleurs écopé à sa place.

Je me souviens d'une scène entre mon père et moi :

« Baby, où est ton frère ? »

« Mais Papa, de qui tu parles ? »

« De qui ai-je l'habitude de parler ? »

« Papa, je n'ai aucune idée de l'endroit où il se trouve. Je n'ai pas encore vu Giovanni depuis mon arrivée de l'école. »

« *Comment se fait-il que tu n'en aies aucune idée ?* »

« *Mais… Papa ?* »

« *Pas de « mais Papa », tu dois savoir où se trouve ton frère ! Sors et ramène-le-moi. Et surtout, ne reviens pas sans lui !* »

Me voilà sortie en colère de la maison dans le but de trouver Giovanni. En vain ! Dépitée, je retournais à la maison pour affronter mon père.

« *Papa, impossible de le trouver.* »

« *Tu dois toujours savoir où tes frères se trouvent. La prochaine fois que je te le demanderai, tu as intérêt à me donner une réponse. Tu dois apprendre à être responsable de tes frères.* »

Il m'était difficile de le comprendre. Pourquoi en tant que cadette, était-ce à moi d'être responsable de mes aînés ? Je trouvais l'attitude de Papa injuste. Ça me mettait hors de moi. Contrairement à Giovanni, je respectais les consignes et les règles établies à la maison, même si elles ne me convenaient pas et devenaient de plus en plus strictes. À la suite de ce fameux soir, les jours passèrent et mon frère n'était toujours pas rentré. Les parents s'inquiétaient et entamèrent des recherches pour le retrouver, mais en vain.

Plus d'une semaine après, vers 5 h du matin, mon frère rentra timidement, comme un voleur, sans faire de bruit. Malheureusement pour lui, mon père ne trouvait pas le sommeil depuis des jours. Il le coinça dans la chambre, et c'est en sursaut que nous nous sommes réveillés ce matin-là, en entendant les cris de Giovanni. Papa était en train de lui donner la raclée du siècle.

Après des heures de correction, Maman dû intervenir : « *S'il te plait Papa, ça suffit, ne tue pas mon fils. Arrête, ne tue pas mon fils. Ça fait des heures qu'il pleure, il a déjà compris la leçon. Arrête !* » Quelques minutes plus tard, Papa sorti de la chambre de Giovanni, qui était couvert de blessures. Il n'y était pas allé de main morte. J'avais vraiment pitié de lui. Papa n'était pas violent de nature, et il avait toujours préconisé le dialogue dans notre éducation, mais je crois que mon frère l'avait poussé à bout. Je lui en voulais de nous avoir infligé autant de stress et d'angoisse.

Comme à son habitude, il était sorti en boite de nuit avec des amis. Ces derniers ont prolongé les festivités et se sont retrouvés dans le village de l'un d'eux afin de participer à l'organisation d'une réunion politique. Les histoires de Giovanni dépassaient mon entendement, elles étaient dignes d'un film de science-fiction.

« *Étais-tu obligé d'y aller ?* » lui demandais-je d'un ton dépité.

« *Il n'y a rien à la maison, tout se passe à l'extérieur, y compris les contacts qui peuvent se tisser* », répondit-il.

J'étais sidérée, et sa réponse me confirmait ce que je savais déjà : la correction reçue n'avait pas produit les effets escomptés. Je me devais donc d'accomplir la mission que Papa m'avait confiée. J'ai commencé à épier tous ses faits et gestes. Je devais savoir tout ce qu'il faisait, où il allait et avec qui. Lorsqu'il voulait déraper, j'étais comme un censeur derrière lui pour le remettre sur le droit chemin. Mon attitude avait le don de l'agacer, et un jour, il me dit d'un ton menaçant : « *Arrêtes de vouloir me contrôler Madame Parfaite, tu n'es pas ma conscience !* ». Je n'avais que faire de ses menaces, je préférai mille fois l'affronter plutôt que d'avoir à subir les reproches de mon père.

Sur le plan affectif, il ne savait pas forcément ce qu'il voulait. Un jour il était amoureux d'une fille, et quelque temps après, il ne jurait que par une autre. En fait, il n'était pas prêt pour une relation de couple, ni suffisamment mature pour des relations amoureuses. Son cœur était juste trop vagabond pour se poser sur un seul choix. Il demeure néanmoins celui avec qui j'entretenais une grande complicité malgré nos divergences.

Dominique, Wade et Giovanni restent les frères avec qui j'ai passé le plus de temps dans mon enfance et avec qui j'ai construit mes souvenirs et ma personnalité. Ces petites anecdotes passées avec chacun d'entre eux me rappellent la chance inestimable que j'ai de les avoir dans ma vie. C'est d'ailleurs cet amour fraternel que nous avons partagé qui m'a permis de passer outre la perte de ma meilleure amie.

Or, ce que je ne savais pas à cette époque, c'est que les circonstances du départ soudain d'Annabelle allaient influencer mes futurs choix de vie.

Une enfance complexe

Depuis ma plus tendre enfance, j'ai toujours été assez extravertie, d'une curiosité sans cesse stimulée par tout ce qui m'entoure, que ce soient des objets inanimés ou des personnes. De nature joviale, je n'avais aucun problème à m'ouvrir devant mes frères, mais une fois hors de mon cocon familial, je revêtais une armure de timidité sans faille. Je ne parlais que très peu, voire pas du tout. Cependant, j'ai toujours adoré le contact humain : j'étais très à l'écoute des autres et je voulais sans cesse créer des liens.

J'avais cependant l'impression que mon caractère déplaisait à Maman. Elle avait tendance à me bloquer dans tout ce que j'entreprenais. Elle me reprenait constamment : tout ce que je disais ou faisais était passé au peigne fin, à tel point que j'étouffais et commençais à la trouver agaçante. Malgré cela, elle restait ma mère, et je l'aimais. Je lui devais le respect et une totale obéissance. Une mauvaise parole ou un geste déplacé de ma part entraînait toujours de lourdes conséquences.

Un jour, du haut de mes sept ans, je sorti jouer avec des enfants du voisinage sans demander la permission. Elle m'avait sûrement cherché sans succès puisqu'à mon retour à la maison, je l'ai trouvée qui m'attendait sur la véranda. Elle était si en colère qu'elle m'a infligé une belle correction dont je me souviens jusqu'à maintenant. J'ai dû la supplier d'arrêter, puisque je devais me préparer à partir pour ma répétition à la chorale et mon cours de piano.

Malheur à moi ! Elle m'a interdit tout cours de chant ou de piano ce jour-là. Elle ne pouvait pas me faire ça ! Elle savait à quel point j'aimais chanter, combien les cours de piano étaient pour moi un moyen de m'évader, d'avoir un contact avec d'autres enfants en dehors de l'école ! J'avais l'impression qu'elle voulait que je reste sous ses jupons toute ma vie. Je devais donc me résigner à me plier à tout ce qu'elle voulait pour éviter tout conflit avec elle.

À l'époque, j'avais ce désir d'avoir des sœurs avec qui je pourrais échanger et entreprendre. Il semble que Dieu a entendu ma requête silencieuse puisque ma mère m'informa un jour que je passerais désormais mon temps libre et mes vacances dans une communauté de sœurs religieuses de la congrégation Saint-Paul, ou encore chez ma marraine. J'étais perplexe : souhaitait-elle que je devienne bonne sœur ? Moi qui avais horreur du camp des sœurs, malgré la beauté du lieu.

C'était une espèce de dortoir avec des chambres individuelles, devant un jardin régulièrement entretenu, parsemé des plus belles fleurs que je connaisse. Cet endroit sentait le propre et l'odeur agréable des parfums floraux; on s'y serait cru en Eden. Pourtant, je m'ennuyais à mourir. Les prières imposées à toute heure de la journée m'agaçaient, sans compter qu'il était interdit de faire la grasse matinée. Pire encore, il fallait se lever de bonne heure chaque matin pour la messe de 6 h. Sans compter les temps de méditation biblique que je trouvais déconcertants. Je me demandais souvent pourquoi ne pas avoir écrit la Bible dans un français simple et accessible à tous. Les repas étaient les seuls moments de la journée que j'affectionnais. Le chef cuisinier de la communauté était un véritable génie culinaire qui parvenait à me faire oublier mes soucis. C'était ma consolation dans la misère.

Malgré tout, j'ai beaucoup appris au contact des sœurs de Saint-Paul. Le fait d'évoluer dans un univers de garçons m'avait empêché de prêter attention à certaines choses. J'ai appris à être propre, à entretenir le lieu où je vivais, à prendre soin de mes vêtements et à les maintenir en ordre. Grâce à mon passage là-bas, j'ai développé une sensibilité à l'amour des fleurs, à mon environnement et à la décoration. Tout compte fait, ce n'était pas une perte de temps. J'avais droit en prime à des fournitures scolaires financées en partie par l'imprimerie des sœurs de Saint-Paul. Ainsi, mes livres sentaient le neuf à chaque rentrée scolaire.

D'un autre côté, j'étais heureuse de passer du temps dans la famille de ma marraine. Elle avait deux filles et deux garçons, dont j'étais la cadette. Son éducation était beaucoup moins stricte que celle que je recevais à la maison. Je parvenais à m'accommoder sans trop de difficultés. À côté de chez Marraine, on retrouvait encore un camp de sœurs religieuses, où je me rendais de temps à autre pour apprendre le tricot et la couture. C'était génial ! J'arrivais à tricoter des bonnets en laine ou des nappes pour les tables basses.

L'entente entre les différents membres de la famille était au beau fixe, y compris avec mon parrain, que je considérais comme un second père. En retour, il me témoignait aussi beaucoup d'amour et d'affection. Au sein de cette famille, j'avais le privilège d'avoir deux grandes sœurs :

Solange, l'ainée, et Ghislaine, la cadette. Elles étaient très tendances à l'époque et avaient l'esprit libre. Elles me parlaient de mode, de leurs amies et même de leurs petits copains. C'était totalement différent de chez moi, où le sport, notamment le basket et le foot, était le sujet favori.

Chez Marraine, on organisait des fêtes et des sorties, et je rencontrais de nouvelles personnes. J'aimais et j'estimais la complicité que nous avions, mais je passais plus de temps en compagnie de Ghislaine, que j'appelais affectueusement « Poupou ». C'est aussi à cette période que je me suis rendu compte qu'avoir des sœurs est différent. Une dispute éclatait parfois pour des raisons tout à fait banales. Les filles pouvaient décider de ne plus se parler et se réconcilier quelques jours plus tard comme si de rien n'était. Ce monde-là m'était vraiment inconnu.

Je grandissais donc avec mes deux familles, jusqu'au moment où ma grande sœur Isabel décida de revenir s'installer au Cameroun après son séjour estudiantin au Canada. Cela faisait plaisir de la revoir à la maison, car une autre présence féminine me ferait forcément du bien. C'était sans réellement savoir ce qui m'attendait. J'étais particulièrement heureuse du retour d'Isabel, quoique j'avais de la peine à comprendre pourquoi ce retour était définitif. Elle avait décidé de revenir à la maison, alors que j'aurais tout donné pour partir.

Malgré ce mystère, j'étais curieuse de savoir comment elle avait vécu. Elle nous racontait comment le Canada était un pays froid, mais très beau. Elle décrivait les villes qu'elle avait visitées, comme Ottawa, Toronto, Vancouver, Montréal ou encore Québec. Comment elle avait quitté le Canada en voiture une fois, avec des amis, pour aller voir un match de NBA aux USA. Comment elle avait assisté à un concert de Céline Dion (on a même eu droit à un CD qui retraçait ses débuts de carrière !) Nous étions tous en admiration devant son récit et les photos qui témoignaient de ses dires. Elle avait, par ses histoires, réveillé en moi la curiosité et le goût de découvrir ce beau et merveilleux pays lointain. Cela m'a encore plus réconfortée dans mon idée de partir, car je devais moi aussi vivre des expériences extraordinaires.

Il m'était difficile de m'identifier à ma grande sœur et encore moins de créer un lien comme avec Solange et Ghislaine. L'écart d'âge était beaucoup trop grand. Et pire, elle avait commencé à se comporter comme notre mère. J'avais déjà du mal à supporter l'attitude de Maman, alors une deuxième mère n'était juste pas une option dans mon quotidien. Pendant qu'une complicité se tissait entre ma sœur et ma mère, je me liais de plus en plus aux hommes de ma famille.

Les garçons, mon père et moi passions notre temps libre à visionner des matchs de NBA, les différents championnats de football, la Champion's League... L'ambiance était au rendez-vous ! Papa lui-même avait joué au basket et il fut le premier entraîneur de basketball du Cameroun. Mon frère Dominique suivait ses traces. Il a longtemps voulu évoluer en professionnel et jouer en NBA. Il avait vraiment du talent, mais toutes ses tentatives de rejoindre l'Amérique du Nord se soldaient en échec.

Je me souviens de la dernière tentative familiale à ce sujet, peu de temps après le retour d'Isabel. Depuis des mois, Dominique était en contact avec un monsieur du Canada qui voulait l'aider dans son projet. Ils étaient rentrés en contact à travers une ONG, par l'initiative d'Isabel. Pour donner suite à leurs échanges, le fameux monsieur décida de venir le rencontrer personnellement au Cameroun. Étrangement, chaque fois qu'il voulait faire le déplacement pour nous rencontrer, il rencontrait un problème. Un jour, il a donc décidé de venir au Cameroun en jet privé, afin de mieux s'organiser. Le souvenir de ce jour, je l'ai encore vivement en mémoire.

Maman avait cuisiné pour tout un régiment. Elle avait même fait appel à l'une de ses belles-sœurs pour l'aider en cuisine. Le monsieur en question avait appelé pour informer qu'il était prêt à décoller et nous donner une estimation de son heure d'arrivée. Nous étions tous impatients et je croisais les doigts pour Dominique, car cela signifiait que son projet était sur une bonne voie. L'heure de son arrivée approchait, et certains membres de la famille avaient fait le déplacement avec mon père jusqu'à l'aéroport.

En effet, mon père avait confié à la famille élargie que nous allions bientôt accueillir un grand invité. Ceux comme moi qui étaient restés à la maison étaient scotchés devant le téléphone pour ne pas manquer ses appels. Ce jour-là, nous l'avons attendu de longues heures, en vain. Il n'est jamais arrivé. J'ai vu le désespoir se lire sur le visage de mon frère. Il nous avait pourtant informés qu'il prenait l'avion. Que s'était-il passé ? Les parents avaient dépensé tellement d'argent pour le recevoir. Maman a dû partager la nourriture cuisinée avec toutes les personnes présentes. L'atmosphère était lourde et je pouvais entendre les murmures commencer à monter : « *Qu'est-ce qu'ils pensaient ? Un homme de ce rang avec des jets privés qui va se déplacer ici seulement pour Dominique ?* » Je trouvais cette situation très bizarre.

Quelques jours après ce fâcheux épisode, le monsieur en question nous contacta pour nous aviser qu'il avait bel et bien pris l'avion ! Arrivé près des côtes du Bénin, l'avion a commencé à subir des perturbations. Les radars de l'avion n'arrivaient plus à repérer la trajectoire qui menait au Cameroun. Il disait ne jamais avoir vécu une situation pareille. Son pilote avait dû demander un atterrissage d'urgence à l'aéroport de Cotonou. Ils ont repris le vol pour le Canada le lendemain. Le monsieur s'est excusé auprès de mon frère, mais avec toutes ces tentatives échouées, il lui a fait comprendre qu'il n'avait plus l'intention de faire le déplacement. Ce qui signifiait, en d'autres termes, que le projet de mon frère venait une fois de plus d'avorter.

Nous étions tous abasourdis. J'avais mal pour mon frère. Je me rappelle comment Papa lui dit ce jour-là : « *Mon fils, quand une chose est faite pour toi, elle est faite pour toi. Peut-être que ce n'est juste pas la voie à prendre pour réaliser ton rêve.* » Je ne sais pas pour Dominique, mais cette phrase m'a littéralement brisé le cœur. Dans mon for intérieur, je me disais qu'il ne faudrait surtout pas que ce genre de situation puisse m'arriver quand il serait temps pour moi de quitter la maison.

Maman ne cessait de répéter que c'était le mauvais œil. Elle reprochait à Papa d'avoir divulgué ce qui se préparait dans la famille. Nous aurions dû gérer tout cela entre nous, disait-elle, sans qu'aucun membre de la famille élargie ne soit au courant. Cette situation créa des tensions entre eux. Je me rappelle m'être demandé ce que signifiait le mauvais œil. Avec Giovanni, on en parlait souvent et sa conclusion s'est arrêtée sur la sorcellerie que certains membres de la famille élargie faisaient dans le but de nous bloquer. Je ne comprenais pas forcément ce que tout cela signifiait, mais il me fallait trouver une raison claire pour expliquer ce qui venait de se passer.

À partir de cet épisode, les parents ont instauré des temps de prières familiales pour chasser le mauvais œil et briser tout blocage contre nous. Tôt les matins et une fois par semaine, on devait réciter un chapelet ou un rosaire. Ils avaient décidé que la prière devait avoir lieu le dimanche avant d'aller au lit et chaque membre de la famille avait sa semaine où il dirigeait la prière. Je mourais d'ennui.

Un dimanche soir, alors que je m'apprêtais à regarder la suite de *Racines*[6], Maman m'annonça que c'était à mon tour de diriger la prière. J'ai voulu bâcler ce moment, pour retourner voir ma série, et je me suis trompée sur le chapelet. Tout le monde l'a remarqué et comme toujours, Maman était au taquet. Finalement, j'ai dû conduire le rosaire tout entier et rater ma série. Plus le temps passait et plus je me posais des questions sur des phénomènes comme la sorcellerie. J'ai commencé à interroger Papa à ce sujet. Ce que j'en ai retenu, c'est que la sorcellerie est un phénomène paranormal pratiqué par certaines personnes pour faire du mal à d'autres, souvent dans le but de les faire mourir. Jusqu'à présent, je me demande pourquoi ce désir de faire du mal aux autres, et je n'ai toujours pas trouvé la réponse.

*

Après cet incident avec Dominique, le train-train quotidien reprit son cours. La seule chose que je remarquai en grandissant, c'était l'absence marquée de liens avec la famille élargie, notamment celle de Papa. Il parait que bien

---

[6] Avec Kunta Kinte

avant ma naissance, les contacts étaient très souvent houleux entre ma mère et ses belles-sœurs. J'ai même entendu dire que l'une d'entre elles aurait fait un scandale lors de mon baptême. Devant tous les convives, parmi lesquels certaines autorités du pays, Maman s'est fait traiter de femme adultère et Papa, d'homme cocu.

Selon les dires de cette tante, je ne serais pas l'enfant biologique de Papa. Son intention était clairement d'humilier Maman et j'avais envie de lui demander d'où me venaient ma taille élancée (je mesure plus d'un 1m80), mon corps svelte et mes grands yeux noirs. J'étais clairement l'enfant de mon père !

Outre ces évènements isolés, l'un des évènements majeurs qui ont bouleversé mon enfance reste l'arrivée de ma nièce. Alors que je n'avais que neuf ans, Isabel a donné naissance à une fille magnifique. J'étais heureuse, car je pouvais enfin avoir une petite sœur. La venue de ma petite nièce a été comme un baume sur mon cœur. Je lui donnai le même surnom que Ghislaine. Je pris plaisir à m'occuper d'elle, changer ses couches, lui donner son bain, la bercer lorsqu'elle pleurait. Tout cela me paraissait d'une telle évidence que je rêvais du moment où je donnerai naissance. Cette petite boule d'énergie faisait la joie de tout le monde, c'était un vent nouveau dans ma famille, et mes parents sont devenus grands-parents.

Mon frère ainé, Chris, était parti depuis longtemps à l'étranger pour ses études de droit. Il nous annonça qu'il était désormais avocat et qu'il avait prévu de venir l'année prochaine avec sa fiancée et sa belle-famille, pour célébrer leur mariage. Nous étions tous excités, et Maman, n'en parlons pas ! Elle se voyait déjà organiser le mariage du siècle. Je savais déjà que ce mariage serait une réussite, car elle avait toujours eu ce don d'organiser de grands évènements. Il faut dire que chez nous, dans la culture Beti et particulièrement chez les Ewondo, lorsqu'un enfant se marie, c'est toute la famille élargie qui contribue à ce que ce mariage soit une réussite. Il fallait donc l'annoncer à tous pour commencer avec les réunions d'organisation, les cotisations et les différents comités de gestion de l'évènement.

La famille était enthousiaste et s'investissait dans l'organisation. Je remarquais cependant un manque d'intérêt de la part des petites sœurs de Papa, qui trouvaient toujours une chose à dire sur tout. Non seulement elles refusaient de contribuer lors des cotisations, mais elles voulaient qu'on leur alloue une somme d'argent pour confectionner le gâteau de mariage. Les préparatifs ont duré à peu près une année.

Et cette année-là, j'ai célébré ma dernière année au primaire. Peu de temps avant l'arrivée de Chris pour la célébration de son mariage, j'ai obtenu mon premier diplôme, le C.E.P.E., ainsi que le concours d'entrée dans le collège le plus prisé de Yaoundé : le collège François-Xavier Vogt. Cet établissement avait déjà accueilli la plupart des membres de ma famille, comme mes frères et mon père. J'étais si fière de marcher sur leurs traces et de respecter la tradition familiale en réussissant le concours avec une bonne note.

De plus, j'allais retrouver beaucoup de mes camarades sur place, ce qui ajoutait à ma joie. Cette réussite signifiait également un pas de plus vers mon objectif de quitter un jour la maison. Les parents étaient en joie, car tant d'évènements heureux se succédaient en si peu de temps, entre la naissance de leur petite-fille, ma réussite scolaire, mon entrée au collège, et bientôt le mariage de mon frère ainé.

Les préparatifs se déroulaient bien, jusqu'à l'arrivée de Chris et de son cortège d'Europe de l'Est. Tout était prêt pour cette union. Les parents avaient décidé de célébrer ce mariage au village, puisqu'ils avaient fini les travaux de la maison et que le jardin était assez grand pour accueillir un grand nombre de personnes. Le mariage de mon frère était assez particulier du fait que tout le monde voulait voir la jeune femme blonde qui était venue se marier au village et aussi parce qu'à cette époque-là, ma belle-sœur ne parlait pas un mot de français. Elle avait besoin d'un interprète pour comprendre tout ce que le maire et le prêtre disaient. Heureusement pour elle, Maman avait contacté un cousin éloigné qui était marié à une Biélorusse.

Rien n'échappait à Maman lorsqu'il s'agissait d'organiser un évènement. Dans une autre vie, elle aurait sûrement fait une belle carrière de wedding planner. Avec le comité de décoration, elle avait réussi à transformer notre concession du village en un petit château. En ce qui concerne l'animation et l'ambiance musicale, les anciens camarades vogtois de Chris avaient tout pris en charge. Ils avaient même fait venir un orchestre. Tout était parfait, nous avons dansé jusqu'au petit matin. La nourriture, elle, était exquise.

Comme toujours, Maman avait fait appel aux femmes de son association pour la réception. La nourriture abondait tellement que tous les invités sont rentrés avec des réserves pour au moins un mois. Des entrées aux différents plats de chez nous, en passant par les desserts et toutes sortes de gâteaux. Et parlant de gâteau, les petites sœurs de Papa avaient confectionné une pièce montée à base de beignets sucrés. À dire vrai, je m'attendais à beaucoup mieux que ce qui était présenté, étant donné la somme d'argent qui leur avait été allouée.

Et quel ne fut pas mon étonnement lorsqu'après la coupure du gâteau par les mariés, ceux qui voulaient eux aussi une part de gâteau devaient donner une somme d'argent. Je n'avais jamais vu ça : devoir payer pour obtenir une tranche de gâteau de mariage ! Maman et moi avons figé en entendant cela, car nous n'étions pas au courant. Elle est entrée dans une colère noire et il a fallu l'intervention de ses sœurs pour la calmer et éviter un éventuel scandale.

Malgré cet incident, le mariage se déroula super bien, les invités étaient satisfaits et les retours très positifs. Maman a reçu des félicitations des années durant pour la réussite de ce mariage. Si certains étaient heureux et partageaient notre joie, d'autres en revanche ne l'étaient pas. Pourquoi mes parents devaient-ils organiser un évènement d'une telle ampleur, disaient les mauvaises langues. Certains affirmaient que mes parents n'organiseraient plus un tel évènement. Nous étions ahuris en entendant ces choses. La suite nous prouvera que tout ceci était vrai.

Quelque temps après le mariage, Chris retourna en Europe avec sa famille pour commencer le travail. Pour ma part, je m'apprêtais à commencer une nouvelle vie : celle de collégienne.

Quand grandir n'est plus une option

J'étais âgée de 10 ans seulement lorsque j'entrais en classe de 6e au collège François-Xavier Vogt. Quelle fierté pour moi d'arborer la tenue du collège, sur laquelle ma mère avait pris soin de broder mon nom sur le haut de l'écusson ! On pouvait lire « Sabine Essimbi » sur mon uniforme. Cela marquait mon entrée dans la cour des grands, ce fameux bleu ciel marron qui imposait le respect et l'admiration dans la capitale. Le jour de la rentrée, j'étais impressionnée par ce collège où j'étais venue plusieurs fois auparavant. Cette fois-ci, tout était différent. Je faisais partie intégrante de ce lieu. Ici, j'allais écrire mon histoire. Comme mes ainés avant moi, j'étais officiellement une « Vogtoise ».

7 h 30. Nous avons commencé par un rassemblement avec le principal et son bras droit, tous deux prêtres, ainsi que le corps administratif. Pour la petite histoire, le collège Vogt est inscrit comme collège chrétien dans l'archidiocèse

de Yaoundé et dirigé par des prêtres de la communauté chrétienne catholique Saint-Jean.

Tous les élèves, de la 6e à la Terminale, étaient assemblés dans la grande cour. Nous avons commencé par la prière et pour une fois dans ma vie, cela ne me posait aucun problème ! Il fallait bien inviter Dieu dans ce genre de moment qu'on expérimente qu'une fois dans une vie. Après la prière, place à l'hymne national. Par la suite, nous avons eu le mot de bienvenue du principal, ainsi que des informations concernant la rentrée scolaire, et les diverses activités sportives, culturelles et spirituelles que le Collège proposait.

À la suite du rassemblement, mes camarades et moi nous sommes dirigés vers notre bâtiment. Je rencontrai ceux avec qui j'allais débuter cette nouvelle aventure, ainsi que notre enseignant titulaire. Selon ses dires, nous étions l'une des classes les plus fortes parmi les 6e. Pendant son discours d'introduction, il n'arrêtait pas de nous challenger en nous rappelant que chacun devait se surpasser et qu'il attendait de nous un taux de réussite de 100 % à la fin de l'année. Il ne manqua pas de nous rappeler la devise du collège : *Ora et Labora*[7].

---

[7] « Prière et Travail »

Je n'avais pas encore fini d'être émerveillée que je devais faire face à mes devoirs et obligations. J'étais à la fois impressionnée et sous pression, car les premiers contrôles étaient prévus dans deux semaines.

Par la suite, il fallut élire le comité de classe : un chef de classe, son adjoint, une responsable spirituelle pour diriger la prière, un responsable culturel et un responsable sportif pour la gestion des différentes équipes lors des jeux sportifs. J'étais intéressée pour le poste de responsable sportif, mais trop intimidée par ces nouvelles têtes pour oser me présenter. Dès le premier jour, nous étions donc déjà en compétition et dans mon esprit, j'avais déclaré que le meilleur gagne.

Notre enseignant titulaire nous libéra vers midi et avant de rentrer, j'ai attendu mes anciennes camarades du primaire pour un débriefing. Une petite visite improvisée s'imposait avant de rentrer. Derrière le bâtiment des 6e se trouvaient deux terrains de jeu qui serviraient au basketball et au volley. Au milieu des bâtiments des classes de 4e et 3e, un portail donnait sur l'entrée de l'église du collège. Les élèves pouvaient s'y rendre pendant les pauses et méditer. En redescendant vers le terrain de basket, le bureau des sports était ouvert pour toutes informations concernant les différentes activités sportives.

Vue du grand bâtiment bleu ciel et de la cour à partir du bâtiment des classes de 6ème.

Lundi de rassemblement au collège Vogt après les rénovations.

Quelques mètres plus bas se trouvait une aumônerie dans laquelle on pouvait s'inscrire aux différents groupes de prière ou d'évangélisation que le collège proposait. En face, une infirmerie était ouverte pour les malades qui souhaitaient recevoir les premiers soins. En revenant vers le bâtiment des 6e, on pouvait observer un beau jardin de fleurs qui s'arrêtait devant la grande cour. En longeant le bâtiment, des escaliers menaient droit vers le grand terrain de football, en passant par le kiosque où l'on pouvait acheter de quoi manger. Je trouvais cet endroit magnifique ! Je me voyais y passer les sept prochaines années de ma vie.

Une fois rentrée à la maison, j'ai raconté ma première journée d'école aux parents. Je leur ai émis mon souhait de m'inscrire en tant que joueuse cadette à l'équipe féminine de basket. Ils n'étaient pas contre, puisque le coach responsable des équipes de basket était Papa lui-même. Étant donné son statut d'ancien vogtois et du fait de sa formation d'entraineur, il dirigeait les équipes de basket-ball du collège.

J'avais donc l'aval de mes parents pour cette inscription, mais ils n'ont pas manqué de me rappeler que la priorité restait les études. À Papa de rajouter qu'une femme n'obtient le respect que si elle a fait de bonnes études et qu'elle est en mesure de contribuer aux charges de son futur foyer. Il me disait de prendre exemple sur ma mère et me rappelait que ma vie, je la construisais dès maintenant. À mon sens, les parents étaient toujours dans l'exagération, mais cela ne m'empêchait pas d'écouter leurs conseils. Je n'avais qu'une hâte, celle d'être à demain, pour retourner au collège.

    Le lendemain, j'arrivais à l'école de bonne heure. Ici, on se rassemblait chaque lundi, contrairement à mon école primaire, où les rassemblements avaient lieu chaque jour avant le début des cours. En attendant le début des cours, je fis les cent pas dans le couloir de notre bâtiment. Tout à coup, mes yeux se posèrent sur un élève qui se dirigeait vers sa classe. De teint clair, grand et mince, il dégageait quelque chose d'inexplicable. Je suis restée scotchée. Quelle élégance ! Plus il avançait dans ma direction et plus je pouvais distinguer son visage. Je ne me souviens pas avoir vu un garçon de mon âge aussi beau. Il me lança un bonjour très respectueux. Avant que je ne puisse répondre, il avait déjà disparu.

    J'ai cru perdre tous mes sens rien qu'au son de sa voix. J'étais bouleversée par ce garçon mystérieux, dont je ne connaissais pas le nom. Le coup de foudre, j'en avais tant entendu parler, mais sans jamais le vivre... J'avais de la peine à me concentrer sur mes cours, je n'avais qu'une seule envie : le revoir et échanger avec lui. Moi qui étais si timide, comment allais-je orchestrer cela ? Quel prétexte pourrais-je inventer pour aller dans sa classe et le rencontrer à nouveau ?

Je ne l'ai plus revu, malgré les jours qui passaient. Il semblait s'être évaporé. En réalité, la classe de 6e, c'est aussi l'année où les groupes d'amis et les couples se forment. Pour ma part, j'avais du mal à m'insérer dans un groupe. Mes camarades avaient toutes l'air plus matures que moi et j'étais parmi les moins âgés. Mes copines parlaient déjà de se mettre en couple, et montraient ouvertement les garçons qui les intéressaient. Pour ma part, je restais sur mes gardes.

Les conversations allant bon train, et j'ai fini par apprendre que toutes les filles ne juraient que par ces deux garçons de 6e, érigés au rang de star. Ethan, le fameux garçon sur qui j'avais flashé, était l'un d'eux. Dépitée à l'idée qu'il soit convoité par plusieurs filles, je savais que je n'avais aucune chance. Peu de temps après, j'ai appris qu'Ethan et son ami étaient en couple avec deux filles. Les deux couples se retrouvaient pendant les pauses et à la fin des cours, on pouvait les voir s'embrasser et se tenir la main. J'ai donc vite fait de mettre mes sentiments pour Ethan de côté et de passer à autre chose.

Le trimestre avançait et comme prévu, j'ai pu m'inscrire au club de basket. L'entrainement que Papa nous infligeait était tellement rude que je me résignais à abandonner l'équipe après quelques séances. J'avais du mal avec le statut de coach de mon père. Papa était une personne accessible, souvent strict, mais pas aussi exigeant. Il était cependant complètement différent en tant que coach. Il nous donnait des exercices difficiles et lorsque j'osais me plaindre, il n'hésitait pas à se montrer désagréable. À la longue, je décidai d'abandonner. Malheureusement, cela se reflétait dans tout ce que j'entreprenais : j'abandonnais au moindre signe de résistance, car j'avais du mal à supporter que mon égo soit blessé.

J'entrepris donc de me concentrer uniquement sur les études. À la fin du trimestre, ma frustration était palpable, car je n'étais pas dans le tableau d'honneur. Au primaire, j'avais toujours fait partie des meilleurs élèves et ici, je me fondais dans la masse. Je n'arrivais pas à m'imposer, quel que soit le domaine. Au sein de la classe, les élèves étaient tout aussi brillants les uns que les autres. J'ai vécu cela comme une véritable défaite. J'ai dû me battre pour finir l'année dixième de la classe. J'allais donc en vacances avec l'intention de prendre ma revanche dès mon entrée en 5e.

*

Pendant les grandes vacances, Papa a commencé à aborder des sujets délicats. Il m'instruisait sur la sexualité et ne manquait pas de me dire que mon corps subirait bientôt des transformations. Je le savais déjà, puisque je suivais un cours intitulé EVA (éducation à la vie et à l'amour). Avoir ce genre de conversations avec Papa me paraissait tout de même étrange. Compte tenu de la relation un peu tendue que j'entretenais avec ma mère, ce n'était pas plus mal. Il m'a parlé des menstruations chez la jeune fille, du fait que je devrais faire plus attention à mon hygiène corporelle et à mes sous-vêtements.

« Mais Papa, je n'ai que 11 ans, pourquoi est-ce que je devrais avoir mes menstruations. Mon corps n'est pas assez développé. »

« Tu verras bientôt », me répondait-il en riant.

Lorsqu'il regardait un film ou une émission qui abordait ce sujet, il n'hésitait pas à m'appeler. Il ne manquait pas non plus de me rappeler ce que l'apparition de menstruations impliquerait dans ma relation avec les garçons. Malgré sa manière un peu invasive de me transmettre les choses, il savait que c'était le bon moment pour moi de recevoir cet apprentissage.

L'école avait repris et je me retrouvais désormais en 5e. C'était là un changement radical pour moi, à bien des niveaux. De nature plutôt timide, je commençais à m'ouvrir. Mais je devais rester discrète. À l'aube de ma puberté, je pensais constamment aux garçons. Je commençais à me maquiller avec le mascara bleu de Maman pour me donner un regard revolver. Je voulais plaire et je faisais tout pour plaire. Mon corps était en train de subir ces transformations dont Papa m'avait tant parlé.

Je me souviens de ce mercredi après-midi, où je suis rentrée de l'école. Je me suis allongée dans ma chambre et j'ai ressenti une pression dans mon bas-ventre. Du sang sortait de moi ! Choquée, je me souviens avoir frappé à la porte de Mama Agatha, la tante paternelle de Maman, qui était là pour quelques jours. Sans dire un mot, je lui ai montré ma main pleine de sang et elle a compris. Elle m'a invité à prendre une douche et m'a donné une sorte de tissu en coton que je devais mettre comme serviette hygiénique, en attendant le retour de Maman.

Aussitôt arrivée à la maison, Maman me tendit un paquet de serviettes et me dit : « *Maintenant que tu as commencé à saigner, je ne veux plus te voir rôder autour des garçons.* » J'ai trouvé cette conversation, si même s'en était une, complètement inappropriée. Je la trouvais si insensible, elle manquait cruellement de tact. Blessée, j'ai pris le paquet sans dire un mot et je suis retournée dans ma chambre. Plus tard dans la soirée, il a fallu que j'aie cette fameuse discussion avec Papa pour me sentir rassurée.

Cette année a été l'une des plus catastrophiques de mon parcours scolaire. J'étais en lutte perpétuelle avec mes hormones. Frustrée, je me trouvais si mince. Je voulais prendre du poids, mais en vain. En effet, j'étais dans une période de ma vie où je voulais plaire à la gent masculine, mais je savais que les hommes étaient plus intéressés par les femmes bien en chair. Je ne faisais pas partie de cette catégorie de femmes et j'ai donc commencé à développer des complexes vis-à-vis de mon corps. Je vivais un mal-être que je ne parvenais pas à exprimer. À 11 ans, ma poitrine n'était pas encore développée alors que toutes mes camarades portaient des soutien-gorge.

J'étais frustrée à l'idée de ne pas être comme les autres. Cette frustration était telle que je me suis surprise à prendre un soutien-gorge de ma mère et y mettre un tissu, dans le but de simuler une poitrine imaginaire. Mon quotidien se résumait à vivre dans le déni de mon corps. Papa, qui m'observait beaucoup, l'avait bien remarqué. Un jour, il me dit : « *Baby, tu n'es qu'une enfant, pourquoi te soucier autant de ton corps ? Dans quelques années, tu regretteras ce corps et tu donneras tout pour l'avoir à nouveau. Regarde mes petites sœurs, elles étaient bien plus fines que toi à ton âge. Aujourd'hui, elles ont du mal avec leur poids.* » Je ne l'écoutais pas, mais comme toujours, il avait raison. Il faut dire que Papa me connaissait plus que quiconque. Aujourd'hui, à 33 ans, je n'ai qu'une envie : retrouver mon corps d'antan.

*

Cette année-là, un autre événement vient bouleverser le cours de ma vie. J'appris la mort de Poupou. Je n'arrivais pas à y croire. C'était une belle jeune fille d'à peine 18 ans ! En classe de Terminale, elle s'apprêtait à passer son baccalauréat quand elle est morte, dans la fleur de l'âge. Elle était décédée du paludisme. Selon les dires de Maman, le traitement administré n'était guère efficace et Poupou avait succombé à ses douleurs. Je n'aurai jamais imaginé qu'on puisse mourir de paludisme, moi que cette maladie avait touché plusieurs fois, et qui me rétablissais toujours après quelques jours de traitement.

Tout ceci me semblait abstrait jusqu'au jour de sa veillée mortuaire, lorsque j'ai entrevu son corps sans vie à travers la glace du cercueil : la fille de ma marraine, Poupou, était bel et bien partie. Mes yeux fixés sur elle, dans l'espoir qu'elle se lève, je crois avoir eu le vertige à force d'espérer. J'avais mal, tellement mal, que je ne trouvai pas la force d'assister à son enterrement le lendemain.

Une fois de plus, le Ciel s'acharnait sur moi. Après Annabelle, c'était au tour de Ghislaine de mourir, et de cause semblable : un traitement non adéquat pour traiter la maladie. J'étais triste et en colère contre la vie, contre Dieu, contre ces médecins que je qualifiais d'incompétents. Je me rendais responsable de la mort brutale de ces deux êtres si chers à mes yeux.

Je trainais toutes ces frustrations dans mon esprit, sans pouvoir placer des mots sur ce qui me rongeait de l'intérieur et cela se fit ressentir sur mes notes. Lorsque les parents m'interrogèrent à ce sujet, je leur fis comprendre que mes mauvaises notes étaient dues à mon obsession pour la nourriture, car je voulais prendre du poids. Bien sûr, ils m'ont cru et l'ont dit à mes frères, qui n'ont pas manqué de me charrier.

Je terminai l'année scolaire avec 11/20 de moyenne générale, au grand étonnement de toute la famille.

Ces choix de vie

C'est donc avec cette moyenne que j'entrai en classe de 4e. C'était une classe décisive, car elle marquait le début du cycle d'orientation. Plusieurs nouvelles matières s'ajoutaient au programme, telles que l'apprentissage d'une deuxième langue vivante et la technologie. Mon choix s'était déjà porté sur l'allemand, puisque c'était le pays d'exil et d'adoption de mon grand-père maternel, celui dans lequel il avait passé ses derniers jours.

Compte tenu de l'importance du cycle dans lequel je me trouvais, Maman avait décidé de prendre du temps pour moi. Dès la rentrée, nous nous sommes mises au travail. Elle vérifiait tous mes cours, mes devoirs et me préparait pour les contrôles qui avaient désormais lieu les samedis. Dorénavant, je passais six jours par semaine à l'école, du lundi au samedi. Ce rythme plus intense, je devais m'y accrocher, d'autant plus que Maman ne me lâchait pas d'une semelle.

Il n'était plus question que je lui rapporte d'aussi mauvaises notes que l'année précédente.

J'étais sous pression, d'autant plus que Chris était de retour à la maison avec sa femme. Cette dernière était enceinte de leur premier enfant. Malgré ça, toute la famille était focalisée sur mes résultats scolaires. Je n'avais pas droit à l'erreur. Heureusement, j'évoluais dans un groupe stimulant et mes professeurs assuraient. Mon professeur d'allemand me donnait envie de maitriser cette langue. En plus de nous enseigner, il partageait avec nous son expérience d'étudiant en Allemagne et nous parlait de ce fameux jour où le monde entier avait assisté à la chute du mur de Berlin. Cela attisait encore en moi ce désir de quitter la maison pour découvrir le monde.

Puis, il y a eu ce jeune professeur, fraichement sorti de l'école normale du Cameroun (l'école qui forme le personnel enseignant des lycées et collèges). On l'appelait affectueusement *Turbo*. Je remercie le Ciel d'avoir mis cet homme sur le chemin de mon parcours scolaire. Il a fait naitre en moi un amour particulier pour les mathématiques. Avec lui, tout paraissait si simple et cohérent que je suis parvenue à obtenir la meilleure note de ma promotion. En classe de 4e, je renouai donc avec l'excellence. J'assurais surtout dans les matières scientifiques. Je n'aimais pas forcément lire, et faire des dissertations, contrairement à mes camarades de classe qui avaient toujours un roman sous le bras. La lecture m'ennuyait, j'étais plutôt attirée par des choses concrètes et facilement explicables. Les chiffres et les sciences me paraissaient plus saisissables que tout le reste. À la fin de l'année, je fus admise en classe de 3e avec une bonne note.

À la maison, j'accueillais ma deuxième nièce. Comblée, je passai toutes mes vacances à prendre soin d'elle. Mon futur rôle de mère m'appelait et j'avais bien du mal à me séparer d'elle lorsque ses parents sont rentrés en Europe. Je n'étais âgée que de 14 ans lorsque je fis mon entrée en classe de seconde scientifique. C'était une classe assez complexe, compte tenu des matières telles que la chimie et la physique qui s'ajoutaient au programme. Nous n'avions qu'une seule envie, s'éclater au maximum ! Nous avions aussi l'une des meilleures équipes de basketball, football et handball.

En classe, nous assistions régulièrement à des phénomènes assez étranges. Je remarquais que pendant la prière, certaines de nos camarades poussaient des cris, et tombaient en transe. Ces incidents sont devenus si récurrents que le principal et d'autres prêtres de la communauté Saint-Jean sont venus exorciser la classe dans le but de chasser les mauvais esprits. C'était drôle ! Nous étions une classe si désordonnée que nos professeurs avaient du mal à nous maitriser et s'en sont plaints. J'ai le souvenir que notre enseignant titulaire instaura une règle : chaque étudiant devait être présent lors des réunions de parents d'élèves, pour que ces derniers puissent mieux le recadrer. Maman me reprenait, sans succès ; je voulais juste m'amuser. Pour autant, je ne délaissais pas mes études, car je savais qu'elles représentaient mon visa de sortie de la maison. Entre amusements et avertissements, les professeurs me renvoyaient fréquemment des cours pour inconduite.

Contre toute attente, je validai mon passage en classe supérieure. Cette année en 1ère, je l'ai vécue comme celle de seconde. J'avais 15 ans et une seule envie : sortir avec mes amis, ce qui m'était formellement interdit. Et comme il était hors de question pour moi de rater une partie de ma vie, j'ai décidé d'arracher ma liberté. Je sortais la nuit, à l'insu des parents, pour aller danser en discothèque avec mes amis et rentrais très tôt le matin, ni vu ni connu. J'étais sous adrénaline et j'adorais ça !

J'avais l'impression d'écrire mon histoire comme je le voulais. Cette liberté apparente me motivait davantage lorsqu'il me fallait réviser mes cours. Je m'en sortais plutôt bien et à la fin de l'année, j'ai obtenu mon examen du probatoire sans aucun problème. Admise en classe de Terminale, j'avais pris la décision de mettre les sorties et autres égarements de côté, afin de me concentrer sur l'obtention de mon baccalauréat. Papa m'avait assigné un répétiteur pour me préparer au concours d'entrée à l'école de médecine. Je voulais vraiment réussir cet examen; malheureusement, j'avais l'impression que mes facultés me lâchaient. J'avais tout donné et je n'avais plus de force pour la suite.

Absorbée par mon image, je passais beaucoup de temps devant le miroir. Je m'étais épilée les sourcils pour la première fois, et les avais retracés au crayon, ce qui me donnait une apparence plus sophistiquée. Heureusement pour moi, Maman était très souvent en voyage cette année-là. Elle m'a quand même fait remarquer mes sourcils épilés une fois et j'eus droit à toutes les critiques possibles. « *Tu crois que tu es déjà une femme pour t'épiler ? Je parie que tu aimes déjà les hommes* ». Je ne voyais pas très bien le lien avec les hommes, mais tout ce qu'elle disait m'était un peu égal, car j'allais bientôt obtenir mon examen et quitter la maison. Du moins, c'est ce que je pensais.

À la fin de l'année, j'ai connu mon premier échec. J'étais dévastée. Et moi qui pensais obtenir mon baccalauréat à l'âge de 17 ans. J'ai vécu des vacances pénibles cette année-là. Giovanni, qui passait son examen du baccalauréat pour la énième fois, avait obtenu son examen et pas moi. En colère contre moi-même, j'ai trainé un gout amer dans la bouche qui ne m'a pas lâché pendant des mois. Cependant, toutes mes copines avaient raté leur examen, et ce fut ma consolation dans la misère.

Oui, mes vacances étaient déplorables. Pour la première fois de ma vie, les yeux de mes proches n'étaient plus du tout rivés vers moi. Giovanni étant le favori du moment, j'avais l'impression de ne plus exister. Ma grand-mère maternelle était venue me rendre visite afin de me remonter le moral. Elle m'avait fait plusieurs plats parmi lesquels certains dont je raffolais : chenilles et criquets grillés avec bâton de manioc, sans oublier son légendaire plat de Sanga[8] dont elle seule connaissait la recette. Ce jour-là, elle m'exhorta. « *Sabine, l'échec fait partie de la vie et nous devons*

---

[8] Légumes au maïs

apprendre durant les moments difficiles. » Selon elle, j'étais encore trop jeune pour broyer du noir. Elle voulait que je me reprenne, disant que la vie avait encore trop de belles choses à m'offrir. Ces quelques jours passés en sa compagnie se sont avérés réconfortants et riches en enseignements. À la suite de cela, elle retourna au village et je décidai de me reprendre en main et préparer ma nouvelle année. J'espérais changer d'établissement, mais Papa s'y opposa fermement. Je repris donc les cours dans le même collège.

À la suite des conseils de ma grand-mère, je décidai de m'accrocher. Je ne me considérais pas comme une redoublante, mais plutôt comme une nouvelle étudiante qui venait d'intégrer la classe. Je voulais faire les choses différemment. Quelque chose de nouveau arrivait au collège. Pour la première fois, le principal avait décidé d'organiser deux jours d'orientation, durant lesquels certains parents d'élèves devraient présenter leur parcours professionnel en vue de faciliter nos choix d'études-carrière.

C'est à ce moment précis que je me suis rendu compte que je n'avais jamais pris le temps de réfléchir à mon cheminement scolaire. Qu'est-ce qui correspondait à ma personne, mon vécu et mes envies ? Je savais plus ou moins ce qui m'attirait, mais était-ce possible d'en faire une carrière ? Au fond, Papa avait déjà choisi pour moi : il voulait que je fasse médecine et que je repasse le concours d'entrée à l'école de médecine. Ça ne m'intéressait pas.

Enthousiaste rien qu'en pensant à ces deux journées d'orientation, je sentais que j'avais rendez-vous avec le destin.

Le jour tant attendu arriva. Plusieurs parents d'élèves racontaient leurs parcours. Des professeurs de collège, des universitaires, des médecins étaient présents. La première personne à avoir attiré mon attention est une ingénieure en travaux publics, qui avait fait ses études en France et qui était rentrée au Cameroun pour exercer. J'admirais la sincérité avec laquelle elle relatait son parcours. Selon elle, le métier d'ingénieur n'était pas assez valorisé dans notre pays. Elle faisait partie des rares femmes de son équipe et invitait toutes les jeunes filles à s'intéresser davantage aux divers métiers de l'ingénierie. Cet échange passionnant fut suivi d'une série de questions.

Je me voyais déjà dans la peau d'une ingénieure quand soudain, une autre dame fit son entrée dans notre salle de classe. Son image est restée gravée dans ma mémoire. Vêtue d'un tailleur rouge bordeaux et d'une paire de talons aiguilles, elle était d'une telle élégance. Ses cheveux noirs étaient beaux et bien entretenus. On pouvait sentir son parfum dans toute la salle. Et quel teint ! Je voulais tout savoir d'elle, de son parcours. Elle nous a confié être pharmacienne de formation. Après avoir terminé ses études au Sénégal, elle était de retour au Cameroun, où elle avait ouvert une pharmacie dans le centre-ville de Yaoundé. J'étais en totale admiration.

Les questions ont commencé à fuser. Quel profil fallait-il avoir pour être admise dans un parcours de pharmacie ? Pourquoi avait-elle choisi de faire ces études ? Elle me répondit qu'il fallait avoir de très bonnes notes en chimie, physique et mathématiques, les matières où j'excellais. Elle m'expliqua que plusieurs personnes de son entourage étaient décédées faute de médicaments adéquats et c'est ce qui l'avait poussée dans cette voie.

Les souvenirs douloureux d'Annabelle et Ghislaine remontèrent à la surface. Dans mon esprit, tout devenait clair. Mon choix d'études se fit à cet instant : je devais devenir pharmacienne, concevoir et fabriquer des médicaments. Je venais enfin de comprendre pourquoi je devais passer une année de plus au collège. J'avais rendez-vous avec cette femme ! L'écouter parler m'avait replongée dans des blessures profondes que j'avais vite fait d'oublier. C'était une rencontre avec ma destinée. Les conseils de ma grand-mère avaient porté fruit et je savais désormais quelle orientation prendre.

Mais pour y arriver, je devais réussir mon examen et parvenir à déjouer les plans de mon père.

L'affront

Suite à cet échange, je trouvais plus de force et de motivation pour préparer mon examen. Je n'avais aucun doute de faire partie de la liste des bacheliers. Pas de repos pour moi, puisqu'après l'examen en question, je devais participer à un cours de préparation au concours d'entrée à l'école de médecine. Papa avait pris l'initiative sans m'en parler, avec la complicité d'une de mes tantes qui exerçaient en tant qu'aide-soignante à l'hôpital central de Yaoundé. Un peu dépitée, je lui fis part de mon intention de quitter la maison une fois les résultats proclamés.

Il était totalement contre ! Selon lui, je devais absolument entrer à l'école de médecine, c'est ce qui était le mieux pour moi. Ce à quoi je répondis : « *Est-ce que c'est vraiment mieux pour moi ou pour toi ?* » Après une brève période de rébellion, voyant que le camp adverse ne faiblissait pas, je décidai d'abdiquer. Ledit cours de préparation était organisé par des étudiants de la faculté de médecine, où je retrouvais d'anciens vogtois. Le programme était plutôt bien structuré et devait durer le temps des grandes vacances, jusqu'au jour dudit concours, à une date inconnue. J'étais à bout et je n'avais qu'une envie : celle de m'amuser. J'ai donc commencé à sécher les cours et à sortir en ville avec mon meilleur ami. Les résultats du baccalauréat sont arrivés, et sans surprise, j'avais mon examen en poche.

Papa avait les larmes aux yeux ! Il disait avoir réussi son rôle de parent, car ses sept enfants avaient obtenu le baccalauréat et étaient destinés à faire des études supérieures. Je comprenais sa joie, car il avait toujours eu le désir de faire de ses enfants des personnes totalement indépendantes, ce qui n'était pas le cas dans sa famille biologique. Étant l'ainé, Papa était le seul à être allé loin dans ses études. Il avait tenté d'inculquer cela à ses cadets, sans succès. La plupart de mes tantes s'étaient mariées, mais il devait encore s'en occuper.

Je réalisais que malheureusement, certaines familles africaines sont remplies de personnes qui ne veulent rien entreprendre sous prétexte qu'un membre de ladite famille a une meilleure situation économique. De ce fait, le plus nanti a l'obligation d'aider tous les autres, souvent à son détriment. Papa, en ce qui le concerne, avait tous les yeux rivés sur lui, ce qui occasionnait parfois des tensions à la maison. En tant qu'enfants, nous avons grandi avec cette mentalité que chacun de nous devait se battre pour bâtir sa vie et être autonome pour ne pas devenir une charge pour ses frères et sœurs. C'est de cette manière que nous pourrions former une famille puissante.

*

Papa a donc décidé, d'un commun accord avec ma tante, que je devais effectuer un stage d'observation à l'hôpital central de Yaoundé. Je reprenais donc les cours de préparation au grand étonnement de certains, qui pensaient que mes absences répétées étaient dues à un échec. Le taux de participation de notre classe se réduisait fortement, et presque la moitié ne participait plus au cours. Une première sélection drastique avait eu lieu. Je passais donc mes matinées au cours de préparation puis je rejoignais ma tante aux urgences de l'hôpital central. Faire ce stage d'observation m'a confirmé ce que je savais déjà : il était clair que je n'avais pas ma place dans cet univers médical. J'avais horreur du sang et des odeurs qui émanaient des patients.

Le jour du concours arriva. Il n'était pas difficile en soi, mais j'espérais secrètement ne pas être retenue. Il faut croire que le Ciel entendit ma prière puisque je n'étais pas parmi les étudiants admis en 1ère année de médecine. Pour Papa, c'était un échec cuisant et pour moi, l'opportunité rêvée de faire ce que je voulais. Il a donc décidé que je devais m'inscrire en biochimie à l'université pendant un an, tout en préparant le prochain concours.

Dans cette même période, on nous informa de l'état de santé désastreux de ma grand-mère. L'un des petits frères de Maman s'était chargé de la prendre au village pour l'emmener aux urgences de l'hôpital central. Je me rappelle comment Maman et moi sommes arrivées en trombe à l'hôpital. La pauvre se plaignait de violents maux de tête et de courbatures, mais les médecins n'arrivaient pas à expliquer son état.

Tandis que la famille tentait de trouver les meilleurs médecins, je passais du temps au chevet de grand-mère. Elle me parlait comme si elle savait qu'elle partait. Elle me bénissait, me disait de poursuivre mes études, de continuer jusqu'au bout ce que je choisirai de faire, car c'est de là que viendrait ma satisfaction dans la vie. Elle me disait aussi que je serais une grande femme comme sa mère et que Dieu m'utiliserait. Malgré les coups que j'aurais à recevoir, je ne devais jamais m'éloigner des voies du Seigneur. Je devrais prendre soin de ma mère, qui avait longtemps souffert. J'avais du mal à comprendre l'Ewondo, mais j'ai pu saisir l'essentiel.

Les parents ont fait le nécessaire pour trouver un médecin qualifié, qui entreprit de lui faire passer des examens plus approfondis. Le jour où il en trouva la cause fut le jour où elle rendit l'âme. Une artère venait de rompre au niveau de son cou. Et moi, je venais de perdre le seul de mes grands-parents que j'avais connu personnellement. Je repensais à ces moments passés au village avec elle et les cousins, quand elle nous apprenait à cuisiner les mets de chez nous. Ces moments précieux où elle essayait de m'apprendre l'Ewondo, que j'avais du mal à maitriser. Ce jour où elle était venue me réconforter après mon échec au baccalauréat et tout ce que j'avais appris grâce à elle. Notre dernière conversation me troublait encore plus. J'avais de la peine à croire que je ne la reverrai plus.

Malgré ma tristesse, je devais aider Maman, l'ainée de la famille, à mettre le corps à la morgue et la soutenir pour l'organisation des obsèques. Cela n'a pas été facile du tout, mais tout s'est passé à merveille. Ma famille maternelle savait se soutenir dans les moments de joie comme de peine. Le jour de la levée de corps, Maman et moi sommes allées très tôt habiller la défunte. Je pouvais voir ses traits, elle avait maigri. Maman pleurait et j'ai dû prendre mon courage à deux mains pour lui faire sa dernière toilette. Maman avait choisi un kaba[9] de son association mariale, comme le dernier habit qu'elle mettrait pour rejoindre la terre de ses ancêtres. Après sa toilette, nous l'avons délicatement installée dans son cercueil avec l'aide des employés de la morgue.

Tout se passa pour le mieux lors de l'enterrement au village. Ses petits enfants avaient prévu un hommage et une chanson pour lui dire au revoir. C'était émouvant. Le témoignage poignant de Papa me fit fondre en larmes. Il affectionnait tant sa belle-mère. C'est à ce moment-là que je réalisais qu'elle n'était plus de ce monde et que nous n'allions plus jamais la revoir dans cette vie. À 18 ans à peine, je n'avais plus de grands-parents. Comme à l'accoutumée, Maman et son équipe avaient mis les petits plats dans les grands. La nourriture était succulente. Il y en avait suffisamment pour

---

[9] Robe traditionnelle du Cameroun

les invités et le village tout entier. On en avait presque oublié qu'il s'agissait d'un deuil.

Quelque temps après ce triste évènement, je me suis inscrite à l'université de Yaoundé 1. C'était une espèce de bazar où chacun était livré à lui-même. Rien à voir avec l'encadrement et la discipline auxquels j'étais si habituée au collège. Des prospectus avisaient les étudiants du début des cours d'allemand, pour ceux qui étaient intéressés par des études à l'étranger. Le désir d'immigrer en Allemagne grandissait en moi, mais comment allais-je convaincre les miens de me laisser partir ? Je récoltai toutes les informations nécessaires pour constituer un dossier étudiant pour l'Allemagne.

Avec mon argent de poche, je m'inscrivais aux cours sans dire un mot à qui que ce soit. J'allais également faire ma carte d'identité dans notre sous-préfecture, afin d'introduire une demande de passeport. Néanmoins, je devais tout de même en parler aux parents, car je manquais de ressources financières. Quelle ne fut pas ma surprise quand un matin, en rentrant de la messe, Maman est venue me dire que Dieu lui avait parlé dans un rêve. « *Sabine, le Seigneur veut que tu ailles étudier en Allemagne. Il faut que l'on se renseigne sur comment établir un dossier d'études pour émigrer là-bas »*. Je n'arrivais pas à en croire mes oreilles !

Au moment même où je cherchais à présenter ce projet aux parents, Maman recevait littéralement une révélation. Je lui ai donc fait part des démarches que j'avais entamées. Ma mère n'en revenait pas de tout ce que j'avais entrepris et elle me donna les fonds dont j'avais besoin pour avancer, notamment dans mes cours de langue. D'un commun accord, nous avons décidé d'en informer Papa. Il était réfractaire à l'idée de me voir partir. Selon lui, je devais repasser le concours d'entrée à la faculté de médecine. J'expliquai à Maman que je n'avais pas la vocation de médecin, je préférais faire des études en pharmacie. Elle m'a confié soutenir mon projet. À moi de continuer mes cours de langue et mes démarches, elle se chargerait de parler à Papa. Pour la première fois de ma vie, Maman me soutenait. C'était trop beau pour être vrai ! Elle se rangeait enfin de mon côté.

Quelques semaines plus tard, j'ai obtenu mon inscription à l'Université Technologique[10] de Braunschweig, dans le nord de l'Allemagne, près d'Hanovre. Maman était admirative, elle me trouvait brave et efficace. Je devais

---

[10] Technische Universität

maintenant déposer une demande de visa à l'ambassade, mais je n'avais toujours pas ma carte d'identité. De plus, il me faudrait une caution et un garant pour mes études. J'ai donc pris la décision d'en discuter avec Papa afin qu'il intervienne. Je lui présentai tout ce que j'avais déjà effectué jusqu'ici, y compris mon inscription. Ce pour quoi il me félicita et me dit : « *Tu ne t'es pas juste opposée à moi, mais tu me démontres par ton acharnement que tu sais ce que tu veux et tu te donnes les moyens de l'obtenir. Je suis fier de toi, laisse-moi t'aider pour la suite* ». J'étais soulagée et sereine. J'avais retrouvé mon père et mon meilleur allié.

Nous avons donc convenu d'aller à la sous-préfecture dès le lendemain. À notre arrivée, tout le monde se leva pour nous saluer. De toute évidence, ils connaissaient mon père. Un agent revint avec ma carte et lui signalait qu'elle était prête depuis des mois. Pourtant, chaque fois que je m'étais présentée là-bas, la réponse était négative. Je déposai mon dossier au commissariat central la même journée et quinze jours après, j'obtenais le fameux passeport. L'intervention de Papa dans ce projet de voyage fut un véritable accélérateur. J'avais maintenant toutes les pièces nécessaires pour faire ma demande de visa. Les évènements avaient pris une tout autre tournure.

Ma joie fut cependant de courte durée, et les situations incongrues avec des membres de ma famille paternelle commencèrent.

Ma grand-mère maternelle (Memah Youli), deuxième fille de Sabine Ndzengue

Des leçons pour la vie

Nous étions en attente de mon entretien pour la demande de visa quand un beau jour, un cousin à Papa vint sonner à la maison. Jusqu'à présent, je n'avais eu aucune idée de son existence. Celui-ci venait solliciter son aide pour l'organisation de son mariage. Afin que tout se passe pour le mieux, chaque membre de la famille devait verser une cotisation, et vu la position de chef de clan de Papa, sa participation se devait d'être la plus élevée. Papa était ravi pour lui. Il n'y a pas trouvé d'inconvénient et s'est proposé de l'aider dans l'organisation.

Ensemble, ils ont distribué les tâches à tout le monde, avec le budget alloué pour le mariage. Le jour dudit mariage arriva. Or, personne ne voulut y aller, considérant qu'il aurait lieu au village de son cousin. Comme il ne voulait pas s'y rendre seul, Papa me demanda de l'accompagner. Je lui emboitai le pas à contrecœur : non seulement je n'aimais pas aller au village, mais je n'avais pas un bon pressentiment concernant ce mariage. Papa et moi sommes arrivés la veille des noces, en pleine nuit.

À notre plus grand désarroi, rien n'était fait. Il manquait de la boisson ainsi que d'autres choses importantes et tout le monde venait se référer à lui. Le pauvre était très embêté, car il avait pris la peine de partager les responsabilités entre différents membres de la famille. Le comble, c'est que nous étions dans l'obscurité la plus totale. Les organisateurs avaient prévu un groupe électrogène pour alimenter la réception en électricité, mais apparemment, la personne responsable avait pris la poudre d'escampette avec l'argent prévu à cet effet. Quel désastre !

Papa lui, était très embarrassé. Vu la situation alarmante, il envoya rapidement des jeunes en ville prendre des casiers de boissons supplémentaires. Nous avons repris la route tard dans la nuit pour nous rendre chez le monsieur qui avait accepté de nous prêter le fameux groupe électrogène. Il était d'accord pour céder son groupe au prix mentionné, cependant, le cousin de Papa avait quatre semaines pour verser la somme demandée. Au cas contraire, la dette reviendrait à mon père. Le mariage en question fut plus ou moins sauvé, le fiasco fut évité et tout se passa pour le mieux.

Quatre semaines après le mariage, le cousin en question n'avait toujours pas acquitté sa dette et ne donnait plus aucune nouvelle. Papa s'étant porté garant, il fut contraint de payer cette somme, au grand mécontentement de ma mère et de ma grande sœur Isabel. Elles étaient en colère, et avec raison. Cet homme avait littéralement abusé de Papa, c'est comme s'il avait planifié son mariage en fonction de ses poches.

De plus, il s'était permis de lui dire en plaisantant : *« Tu as organisé un mariage de rêve à ton fils, tu pourras faire pareil pour moi ».* J'étais écœurée par cette mentalité. Nous n'avions plus de ces nouvelles, quand un samedi matin, la nouvelle mariée vint récupérer des affaires qu'elle semblait avoir oubliées à la maison. Isabel ne manqua pas de lui dire que ses affaires resteraient en sa possession, tant et aussi longtemps que son mari refusait de s'acquitter de sa dette. Furieuse, cette dernière quitta notre concession.

Le lendemain matin, Papa et moi étions sur le point de sortir avec ma nièce pour la messe du dimanche. Nous venions tout juste de franchir le portail quand soudainement, je vis son cousin descendre la colline d'un pas de guerre. Papa s'arrêta pour le saluer, cependant celui-ci bondit sur lui, le fit violemment sortir de la voiture et lui cogna la tête avec une énorme pierre. Horrifiée par la scène et le sang sur le visage de Papa, je sortais de la voiture en criant : *« Sortez vite, on veut tuer Papa ici dehors, sortez vite ! »* Ma nièce était en pleurs dans la voiture : *« Laisse mon grand-père tranquille, il ne t'a rien fait, ne le tue pas ! »* criait-elle. Tout ce vacarme alerta ma famille et le voisinage. Les vêtements de Papa étaient complètement déchirés. Il demanda à son cousin ce qu'il avait fait pour mériter un tel traitement. Selon ses dires, la femme de celui-ci lui aurait rapporté que mon père avait confisqué ses affaires pour une minable somme de 150 000 FCFA.

Ma famille était en furie. Mes frères l'encerclèrent : *« Tu es malchanceux de venir ici agresser notre père en notre présence »*. Celui-ci prit peur, néanmoins Papa leur ordonna de se calmer. C'est alors que l'oncle le menaça : *« Sache que tu n'as plus beaucoup de temps à vivre sur cette terre ! »* Ce à quoi Papa répondit : *« Malgré tout, tu es mon cousin et je te pardonne »*. Il lui somma de partir, en précisant que sa femme pouvait venir récupérer ses affaires. Il considérait que ces derniers n'avaient plus de dettes envers lui. Pour finir, il interdit à mes frères ou à un autre membre de la famille de se mêler de cette histoire.

J'étais sidérée. Comment pouvait-on recevoir autant d'ingratitude et de mépris après avoir autant donné ? J'étais habituée au comportement bizarre des membres de ma famille paternelle, toutefois je n'en revenais toujours pas.

*

Nous n'avions pas encore fini de digérer cette histoire que la prochaine attaque arriva. Cette fois-ci, je fus la cible directe d'une des petites sœurs de Papa. Je ne me souviens plus des circonstances de sa venue à la maison ni de ce qui l'avait mise en colère, pourtant elle décida littéralement de me maudire. C'était la même personne qui avait fait un scandale lors de mon baptême, prétextant que je n'étais pas la fille de mon père. À deux doigts de concrétiser mon projet de voyage, voici que je recevais des menaces !

Elle décida de se courber devant moi en me montrant ses fesses. Agacée, je lui répliquais que si elle osait, c'est moi qui lui enfoncerai un bâton dans les fesses. Elle se redressa et commença à proférer des malédictions à mon égard : « *Je te condamne à mourir dans la stérilité, tu ne vas jamais rien faire ni prospérer dans la vie et aucun homme ne voudra de toi comme épouse* ». En colère, je répliquais : « *Tout ce que tu déclares sur moi retournera sur tes enfants et en particulier ta fille. Ta méchanceté n'a aucun effet sur moi* ». Je la priais de quitter notre concession sur le champ.

Papa quant à lui était si choqué qu'il en restât bouche bée. Je commençais à crier. Je crois bien que de toute ma vie, c'est la première et la dernière fois que je lui ai parlé sur ce ton.

« *Papa, tu te fous de moi ? Ta sœur me maudit et tu ne réagis pas !* »

« *Baby, tu sais qu'elle souffre de problèmes psychiques…* »

« *Ça m'est égal ! Jusqu'à quand va-t-elle se cacher sous sa pseudo folie pour me dire n'importe quoi ?* »

« *Baby, calme-toi, je comprends…* »

« *Non, je ne me calmerais pas, elle sait très bien avec qui elle peut se permettre ce genre de choses ! Même sa nièce subit les mêmes paroles tous les jours. Pourquoi déteste-t-elle autant Maman, au point de venir me maudire ?* »

« *Ce ne sont pas contre les personnes, mais contre les esprits qui dominent le monde que nous devons nous acharner.* »

« *Je ne comprends rien à ce que tu dis. J'en ai marre d'elle. Le jour où elle osera refaire ce qu'elle a fait, je te promets que je la frapperai jusqu'à la mort !* »

« *Un jour, tu comprendras. Il faut simplement pardonner ses agissements. Pour le moment, tu es encore très émotive et tu n'as pas encore assez de recul dans la vie.* »

Ses paraboles avaient le don de m'énerver.

Lorsque Maman fut rentrée, je m'empressais de lui raconter toute la scène, ainsi que la réaction de Papa. Elle lui passa un savon et le traita d'incapable. Elle lui dit qu'il n'était pas en mesure de protéger sa famille. J'étais fière d'elle, et en fait j'aurai tout donné pour qu'elle soit présente pour régler son compte à ma tante. Je pense encore que nous aurions été très heureux en tant que famille, si ce n'était des frères et sœurs de Papa.

En effet, le futur allait bientôt me démontrer que toutes ces paroles proférées à mon égard auraient un impact négatif sur ma vie.

Le départ

Le jour de mon entretien à l'ambassade arriva enfin. Je me préparai et arrivai au quartier Bastos deux heures à l'avance. Tout se passait bien, et je n'avais plus qu'à attendre l'obtention de mon visa. Deux semaines plus tard, on m'annonçait que mon visa d'études était délivré. J'informais rapidement les parents de la bonne nouvelle. Il fallait maintenant s'organiser pour trouver une personne qui pourrait m'accueillir à mon arrivée en Allemagne. Papa parcourut ses contacts et trouva une connaissance qui vivait depuis de longues années à Hanovre. Celui-ci était ingénieur en électrotechnique à Braunschweig, la ville où j'irais faire mes études. Il avait accepté de nous aider et d'être mon tuteur sur place.

Tout était parfait : mon travail et ma persévérance avaient porté leurs fruits. Je pouvais voir la fierté et l'admiration dans les yeux des parents. Les derniers jours passés à la maison s'avérèrent essentiels. Je reçus de nombreux conseils de la part de Maman et ses sœurs. Ma tante aide-soignante me racontait des histoires pas très commodes d'immigrants qui avaient atterri en Europe. Elle me rappela de ne pas changer de trajectoire, et de rester focalisée sur mes études, car plusieurs personnes arrivaient à l'étranger et se retrouvaient facilement dans de graves problèmes. Bien sûr, Isabel en rajouta une couche, et me rappela les avantages et les inconvénients de vivre en Occident. Je devais surtout veiller sur mes fréquentations, et sur les personnes à qui je permettrai d'entrer dans ma vie. Je les écoutais, mais comme toujours, je trouvais qu'elles exagéraient. Excitée à l'idée de faire ce voyage, je n'avais qu'une hâte, celle de rejoindre le pays de Goethe.

Maman me confia également une mission spéciale. Je devais retrouver la trace de son père. Il est vrai qu'il était décédé avant ma naissance, mais elle n'avait pas eu de nouvelles de sa veuve depuis très longtemps. En fait, peu après ma naissance, Papa avait décidé de surprendre Maman en lui organisant un voyage en Allemagne. C'était l'occasion pour elle de souffler. Nous sommes arrivés tous les trois à Bonn pour voir la tombe de mon grand-père, en compagnie de sa veuve.

Pour la petite histoire, mon grand-père maternel, du nom de Joseph Etoundi, fut l'un des douze pères fondateurs du parti politique UPC[11]. À la base, l'UPC avait été fondé pour obtenir l'indépendance du Cameroun et s'était donc lancé dans la lutte armée. Mon grand-père, chargé des télécommunications, fut envoyé en stage en France pour se spécialiser dans le domaine. Arrivé sur place, il servait d'indic à ses confrères du parti afin de déjouer les plans des colons. Ceux-ci ont fini par s'en rendre compte et un avis de recherche fut lancé contre lui.

Ses actions en France étaient devenues très restreintes et il ne pouvait malheureusement plus rentrer au Cameroun. Il s'est donc vu obligé de faire une demande d'asile politique en Allemagne, où il refit sa vie et vécut jusqu'à sa mort. Maman avait donc quasiment grandi sans son père. Elle l'avait revu une seule fois à l'âge adulte, lorsque Papa et elle habitaient à Nancy, en France, pour les études. À l'époque, il n'était pas aussi facile de voyager au sein de l'espace Schengen, et il fallait obtenir un visa de la France pour entrer en Allemagne.

---

[11] Union des Populations du Cameroun

Je devais donc retrouver rapidement la trace de la veuve de mon grand-père, car sa tombe pouvait subsister seulement trente ans avant d'être détruite. Nous avions donc l'espoir de ramener celle-ci au Cameroun. Les derniers jours avant mon départ, je les passais avec mes amis. Papa aurait aimé qu'on passe du temps juste tous les deux, ce qui était difficile. On réussit finalement à se voir seul à seul. Avant de commencer notre conversation, il insista pour débuter par la prière.

Par la suite, il me prodigua quelques conseils, cette fois-ci beaucoup plus pragmatiques.

« Même si tu ne fais pas des études de médecine, tout ce que tu entreprendras de faire, fais-le bien et va jusqu'au bout. Je te conseille de faire un doctorat, cela t'ouvrira plus de portes et de considération dans ton domaine... Comporte-toi bien envers toutes les personnes que tu rencontreras en chemin, parce que des inconnus peuvent devenir tes grâces ; je t'en supplie, apprends à être économe ».

Je l'écoutais attentivement quand Maman fit irruption dans la pièce, nous sommant de nous dépêcher. Je devais aller faire les vaccins nécessaires avant le voyage. Je n'eus même pas le temps de dire au revoir à mes frères, que nous étions déjà en route pour l'aéroport. En chemin, une amie à moi embarqua avec nous. Florian nous avait confirmé qu'il serait présent pour m'accueillir à mon arrivée à Hanovre. Le temps de recevoir les dernières bénédictions de mes parents et de papoter un peu, l'heure du départ sonna. Nous étions toutes en larmes, et Papa essayait tant bien que mal de nous calmer.

Par la suite, il me prodigua quelques conseils, cette fois-ci beaucoup plus pragmatiques.

« *Même si tu ne fais pas des études de médecine, tout ce que tu entreprendras de faire, fais-le bien et va jusqu'au bout. Je te conseille de faire un doctorat, cela t'ouvrira plus de portes et de considération dans ton domaine... Comporte-toi bien envers toutes les personnes que tu rencontreras en chemin, parce que des inconnus peuvent devenir tes grâces ; je t'en supplie, apprends à être économe* ».

Je l'écoutais attentivement quand Maman fit irruption dans la pièce, nous sommant de nous dépêcher. Je devais aller faire les vaccins nécessaires avant le voyage. Je n'eus même pas le temps de dire au revoir à mes frères, que nous étions déjà en route pour l'aéroport. En chemin, une amie à moi embarqua avec nous. Florian nous avait confirmé qu'il serait présent pour m'accueillir à mon arrivée à Hanovre. Le temps de recevoir les dernières bénédictions de mes parents et de papoter un peu, l'heure du départ sonna. Nous étions toutes en larmes, et Papa essayait tant bien que mal de nous calmer.

Papa, Maman, moi dans ses bras et la veuve de grand-père devant sa tombe, au cimetière de Bonn.

Pour la première fois depuis le début de ce projet, la peur me saisit. Je quittais mon pays, ma maison, ma famille pour un pays éloigné où je serais toute seule, sans les miens. Je montais l'escalier roulant, marchant vers mon destin, sans réellement savoir que ma vie allait changer à jamais.

*

Le 3 juin 2006, j'arrivais à Hanovre au petit matin, après une escale à Zurich. Florian me souhaita la bienvenue et alla chercher mes valises. J'étais émerveillée par l'autoroute, frappée par la propreté des rues. Nous étions bien loin des routes du Cameroun ! Nous arrivâmes dans un quartier chic. De belles et grandes maisons se trouvaient des deux côtés de la rue, agrémentée de magnifiques terrasses et de jardins bien entretenus. Je pouvais entrevoir çà et là de petites piscines aménagées dans les cours. J'avais des étoiles dans les yeux, car tout était exactement comme je l'avais imaginé.

La maison de Florian s'étendait sur trois niveaux. Au rez-de-chaussée se trouvaient la cuisine, la salle à manger, les toilettes et le salon, qui donnait sur la terrasse et le jardin. Au premier étage, on retrouvait les chambres et deux salles d'eau. Au dernier étage, le toit, qu'il avait bien aménagé : un lit, une table, une armoire et en face, et une espèce de cave en hauteur, où il gardait de vieilles choses que la famille ne voulait pas jeter. C'était spacieux et confortable. Il s'excusa en me rappelant que je pouvais dormir en attendant le retour de sa femme, qui avait travaillé de nuit cette journée-là.

Quelques heures plus tard, je rencontrais la maitresse de maison, une jeune femme élégante d'origine camerounaise. Tout se passait bien jusqu'à ce jour où Florian et moi avons dû sortir pour aller à la banque, afin de m'ouvrir un compte et me permettre de mettre la main sur ma caution bloquée. Je n'avais pas encore de manteau d'hiver, et il prit donc l'initiative de me donner un ancien manteau de sa femme, parmi les affaires qu'elle ne portait plus. Le soir, tandis que je lui racontais notre sortie de la matinée, elle me demanda comment j'avais fait pour sortir sans manteau, au vu de la température. Je lui expliquais donc que Florian m'avait prêté un de ses anciens manteaux. Son visage changea complètement.

Elle me demanda de lui montrer le fameux manteau, et s'exclama : *« Depuis que je cherche ce manteau, je ne savais pas qu'il était dans la cave !* » Plus tard dans la soirée, une forte dispute éclata entre eux.

C'était la première fois depuis longtemps que je m'étais sentie aussi mal. Je pensais à Maman, à toutes les personnes qu'elle avait accueillies dans sa maison, des membres de la famille aux inconnus ; comment elle les avait nourris, habillés, parfois soignés. Aujourd'hui, c'était Florian qui, soucieux de m'aider, recevait des injures à cause de moi. Je fondis en larmes et me jurais à ce moment-là de tout faire pour avoir un chez-moi et ne jamais dépendre de qui que ce soit.

Les jours suivants, l'atmosphère était pesante, et je n'avais qu'une envie : trouver un endroit à moi et libérer l'espace. J'appréciais la générosité et l'hospitalité de Florian, mais j'étais mal à l'aise. Je lui fis donc part de mon idée de chercher une chambre d'étudiants. Pour m'assister dans ma démarche, il se proposa de me mettre en contact avec des étudiants camerounais vivant dans la ville de Braunschweig, où mes cours de langue avaient déjà débuté. Le lendemain, je partis pour la gare de Braunschweig. Florian m'avait donné tous les détails nécessaires ainsi que mon ticket. Un peu paniquée, je pris le train et arrivais à destination une demi-heure plus tard. Ce fut une belle expérience.

La personne censée m'accueillir m'attendait à la gare, mais elle n'était pas venue seule. Quand mes yeux se posèrent sur Fabian, je ressentis quelque chose de fort, comme à l'époque de mon entrée au collège. Il m'avait tapé dans l'œil et je savais que c'était réciproque. Je reçus de l'aide dans mes démarches et un mois plus tard, je m'installai déjà dans ma chambre d'étudiante.

Ma résidence s'appelait le Shunter, et se trouvait à la sortie de la ville. Malgré le retard, j'avais finalement intégré mon cours de langue et espérais obtenir mon examen avant septembre, afin d'accéder à l'université en automne. Au Shunter, je fis la connaissance d'une Camerounaise du nom de Linda. Elle était impressionnée par ma joie débordante et par l'aisance avec laquelle je faisais la conversation aux inconnus. Nous avons sympathisé et sommes restées amies jusqu'à aujourd'hui.

À la suite de mon arrivée au Shunter, plusieurs autres étudiants camerounais nous ont rejoints. Ensemble, nous formions un bon groupe de nouveaux arrivants. Un week-end sur deux, j'étais avec Florian et sa famille. J'essayais d'approfondir mon allemand avec ses filles, puisqu'elles ne parlaient pas français. Le reste du temps, j'allais à la découverte d'autres villes allemandes avec Fabian. Entre-temps, celui-ci m'avait fait part de ses sentiments, et nous avons commencé à sortir ensemble.

À partir de ce moment, les rumeurs ont commencé à se propager au sein de la communauté estudiantine camerounaise de Braunschweig et des environs. Les gens s'indignaient du fait que je m'étais mis en couple aussi rapidement. Je les trouvais invasifs, et j'avais l'impression d'être dans un grand village où tout le monde avait toujours quelque chose à redire sur la vie de l'autre. Néanmoins, je continuais dans cet univers malgré moi, entre cours de langue, voyages, sorties en boite et barbecues.

Nous étions également en pleine coupe du monde de football en Allemagne et tout le monde me disait d'en profiter, car l'hiver serait assez rude.

La mort de trop

En septembre 2006, j'obtenais mon DSH1. Il me fallait cependant obtenir le DSH2 ou DSH3 pour mes études en Pharmacie. Triste, j'appelai Papa pour l'informer de cet échec. Il me réconforta et me demanda de redoubler d'efforts, en me rappelant que je finirais certainement par y arriver. Je décidai donc de m'inscrire à un autre cours de langue, cette fois-ci dans la ville de Dortmund, où les cours étaient bien plus abordables. En réalité, mon mal-être face à la mentalité des ressortissants camerounais de ma ville avait motivé ce choix.

Florian fit preuve d'une énorme gentillesse et je trouvais un pied-à-terre à Dortmund. Il m'avait mis en contact avec un de ses amis. À la fin du mois de septembre, je décidai de quitter Braunschweig pour Dortmund et Fabian, qui avaient enfin obtenu une inscription dans le domaine de son choix, parti pour le sud du pays. Nous avions passé tout l'été ensemble et c'est donc avec beaucoup de tristesse que nous nous séparâmes. Arrivée à Dortmund, je retrouvai d'anciens camarades du collège. La plupart avaient atterri une année avant moi. Concernant l'examen, j'avais compris que certaines personnes prenaient des années avant de l'obtenir et d'accéder à l'université. C'est là que le stress commença. Il était hors de question que je me retrouve encore en cours de langues après une année.

À cela s'ajoutaient d'autres formes de pression. La femme du monsieur chez qui j'étais installée mettait la pression à ce dernier pour me mettre à la porte. Malheureusement, il semblait que dans toutes les maisons où j'arrivais, les femmes me voyaient d'un mauvais œil. Je devais partir encore une fois. Or, trouver un appartement en cette période de l'année était difficile, car on approchait de la saison hivernale.

Je ne pouvais accepter toutes les propositions d'appartement, car Papa m'avait conseillé d'épargner au maximum. J'ai donc pris l'initiative de demander à une connaissance si je pouvais habiter avec elle et partager les charges de son appartement. Elle me répondit par l'affirmative et je m'installais chez elle le même weekend. Tout cela a eu raison de moi et un impact sur mes résultats. Je finis par obtenir le DSH2 à l'écrit seulement. Comment allais-je expliquer ce deuxième échec aux parents ?

Le jour où je décidai d'appeler pour les informer, j'entendis des pleurs à l'autre bout du fil. On m'annonça qu'une cousine, la fille ainée d'une des sœurs de Maman, venait de décéder. Comment Marie-Claire pouvait-elle nous quitter à un si jeune âge ? J'en fis un malaise. Je n'avais même plus le courage de leur dire que je n'avais pas réussi mon examen de langue. Je rentrais à la maison en pleurant. En entendant cette triste nouvelle, Fabian m'invita à le rejoindre dans le Sud.

Je trouvais un certain réconfort à ses côtés, bien que mes nuits soient agitées et troublées par des rêves inusités. Dans mes songes, je voyais Papa souffrir, sans comprendre pourquoi. Je me suis surprise plusieurs fois à parler de mon père à Fabian au passé : *« Quand mon père était encore vivant... »* Et Fabian de me répondre : *« Mais ton père n'est pas mort, qu'est-ce que tu racontes ? Tu me fais peur là. »* Il se passait des choses étranges en moi, que je ne saurais expliquer. Je voyais mon père dans une sorte de tribunal traditionnel devant certains membres de sa famille et les habitants de son village. Je n'entendais rien, mais je pouvais le sentir dans la souffrance.

C'est bien plus tard que j'eus la révélation de ce dont il était vraiment question.

Le 25 décembre arriva. J'appelai sur le téléphone fixe de la maison et c'est Papa, mal en point, qui décrocha. Maman n'était pas à la maison. Il s'apprêtait à raccrocher quand je lui dis :

« Mais Papa, même si Maman n'est pas présente, nous pouvons tout de même converser toi et moi... »

« Désolé Baby, je suis très fatigué. »

« Qu'est-ce que tu as ? Te sens-tu mal ? »

« Baby, je brûle de l'intérieur, ils s'acharnent contre moi. Cela fait des jours qu'ils m'envoient le feu. »

« Papa, je ne comprends pas. De qui parles-tu ? Comment ça, ils t'envoient le feu ? »

« Baby, la seule chose que je peux te dire actuellement, c'est de ne plus compter sur moi, mais en toute chose, invoque constamment le Saint-Esprit de Dieu. »

« Papa, pourquoi me parles-tu comme ça ? Si je ne peux plus compter sur toi, sur qui pourrais-je compter ? »

« Je dois y aller, je suis fatigué et je vais essayer de dormir. »

Il raccrocha. Perplexe, je décidais d'ignorer cette conversation. « *Il divaguait sûrement* », me suis-je dit en moi-même. Je regrette tant d'avoir ignoré ces signaux d'alerte.

Les jours passèrent et le 30 décembre au soir, j'envoyais un message à Giovanni pour souhaiter à la famille une excellente année 2007. Sa réponse me transperça le cœur. « *Baby, Papa vient de mourir, je suis en train de le transporter pour la morgue. L'année ne s'annonce pas bien pour nous* ».

Je n'arrivais pas à le croire, mon père à moi, mourir ? C'était impensable. Ce n'était pas ce que nous nous étions promis quand j'avais quitté la maison. Moi, une orpheline ? Je voyais et j'entendais des histoires d'orphelins, mais au grand jamais je n'aurai jamais imaginé devenir orpheline de père à 19 ans, sans rien avoir accompli dans ma vie.

Le souffle coupé et le cœur meurtri, j'appelais aussitôt Fabian. Il était mon consolateur. Il a supporté mes crises de nerfs et mes humeurs, et a toujours répondu présent durant cet épisode tragique de ma vie. C'est comme si Dieu l'avait envoyé dans ma vie six mois auparavant afin de m'aider à surmonter cette épreuve. Il était d'une douceur et d'une compréhension inouïes, mais j'avais trop de rage en moi pour le voir et le reconnaitre.

J'en voulais à mes frères et à Maman qui s'étaient catégoriquement opposés à ce que je rentre au Cameroun pour les obsèques de Papa. J'étais en colère, sans me douter un seul instant de ce qu'ils avaient vécu pendant ces obsèques. J'avais mal au cœur de ne pas pouvoir dire au revoir à l'homme de ma vie, mon papa, mon confident, mon meilleur allié.

Mon père était tout pour moi. C'était la seule personne avec qui je pouvais passer des heures à parler. Il m'a tout appris, en commençant par la prière. À mes huit ans, il nous avait offert à son filleul et moi, un livret de prières intitulé *Seigneur, apprends-nous à prier*.

Très tôt, il m'avait enseigné sur les rites et la culture Beti, notamment celle des Ewondo. S'il y a une chose que j'affectionnais particulièrement, c'était de participer aux cérémonies de mariages traditionnels. Mon père étant un chef traditionnel, il avait la lourde responsabilité d'orchestrer les rites de la dote pour toutes les femmes de notre clan qui allaient en mariage. J'avais toujours imaginé le jour où, lorsque mon tour viendrait, Papa serait fier de me donner en mariage selon la tradition ; comment il me tiendrait la main pour m'accompagner à l'église auprès de mon futur époux.

Je me rappelle encore comment, après mon examen du probatoire, il m'avait initié à la philosophie.

À partir de ce moment-là, il partageait avec moi ses thématiques préférées : la théologie, la psychologie et la psychanalyse de Freud. Même si je ne trouvais aucun intérêt à ces choses, je ne pouvais m'empêcher de l'écouter, lui, ce véritable orateur. Papa m'a tout appris, sauf à parler ma langue maternelle et à vivre sans lui.

Plus je ressassais ces moments passés en sa compagnie, plus j'avais l'impression de perdre la tête. Cela s'empira lorsque j'appris les causes de sa mort : il s'était enlevé la vie.

Après de longs mois passés à souffrir de ce « feu » qu'on lui envoyait, Papa n'avait pas résisté longtemps à ces attaques, et s'était lui-même donné la mort. Les larmes coulèrent de plus belle lorsque je me rappelai les propos de son cousin : « *Tu ne vas plus vivre longtemps* ». Je me sentais coupable. Si je n'avais pas quitté la maison, si seulement j'étais restée et j'avais fait ce qu'il attendait de moi, peut-être serait-il encore en vie ? Il aurait sûrement tenu le coup en me voyant tous les jours à ses côtés. J'avais l'impression qu'une partie de moi était morte avec lui.

Tandis que je broyais du noir, ma famille, elle, fut traitée de tous les noms. Les sœurs de Papa et le village tout entier nous accusaient d'avoir orchestré sa mort. Ma mère et mes ainés recevaient toutes sortes d'insultes ; nous étions traités de sorciers, d'assassins, de maudits... On leur faisait subir des pratiques bizarres au nom de la tradition. Mon frère Wade a dû tuer des poules avec ses dents devant tout le village, pour briser la soi-disant malédiction qui planait désormais sur nous. L'humiliation à son paroxysme !

Toutes ces personnes avaient prévu la mort de Maman après l'enterrement. Elles estimaient qu'elle était l'auteur de la disparition de Papa, mais nous savions exactement ce qui se cachait derrière. Bien avant sa mort, j'avais vu tellement de choses à ce sujet dans mes songes. Certaines personnes ne supportaient pas de voir le bonheur et la réussite de Papa ; elles avaient réussi à l'anéantir.

Aujourd'hui, je comprends mieux pourquoi le Ciel n'avait pas permis que j'assiste à ces évènements. Je n'aurai pas supporté une telle cruauté et mon ignorance m'aurait peut-être couté la vie. Dieu devait premièrement accomplir son travail en moi, car je n'étais pas prête sur le plan spirituel pour affronter ce niveau de pratiques.

La descente aux enfers

Je n'étais plus la même suite à l'annonce du décès de Papa, et sombrais peu à peu dans la dépression. La vie n'avait plus de sens. Je voulais rejoindre Papa dans cet au-delà inconnu de tous. Je venais de réussir mon examen de langue et d'être admise dans la meilleure faculté de Pharmacie du pays, mais ça ne changeait rien. J'avais pourtant obtenu ce pour quoi j'avais quitté la maison familiale, mais je n'arrivais plus à ressentir une quelconque joie. Tout semblait amer.

Le début 2007 était comme une sorte de chemin de croix, et plusieurs autres membres de ma famille maternelle ont perdu la vie : la petite sœur de Maman et le mari de ma tante aide-soignante décédèrent en un laps de temps. J'étais certes en colère contre ma mère, mais j'avais tout de même de la compassion pour elle. En tant qu'ainée, elle était au cœur de tout. Une fois, je l'ai eue au téléphone et elle a complètement craqué. Elle pleurait comme une enfant, demandant au bon Dieu ce qu'elle avait fait pour mériter un tel châtiment. J'avais mal, j'aurais tout donné pour être auprès d'elle et la consoler. Nous avons raccroché et j'ai immédiatement appelé Wade à la rescousse. Dans son état, il n'était pas sage de la laisser seule. Je me sentais impuissante face à ce qu'elle vivait. Étant moi-même en piteux état, il aurait été difficile de l'aider.

Du jour au lendemain, ma vie a drastiquement changé. Au lieu de chercher de l'aide, j'ai sombré dans l'alcool et le tabac. Je n'avais qu'une envie : m'amuser, voyager pour m'évader et oublier. Émotionnellement, j'étais au plus bas et pour couronner le tout, je rencontrais des difficultés dans mes études. Dans le sud du pays, les habitants ne parlaient pas le « Hochdeutsch », c'est-à-dire l'allemand soutenu que l'on apprend en cours de langue ou à l'université. C'est au rythme du dialecte dit « Schwäbisch » que la plupart des professeurs donnaient leurs cours. Pour la première fois de ma vie, je me sentais incompétente. Je ne comprenais pas la matière.

En deux semestres, j'avais raté tous mes partiels ainsi que l'examen de fin de semestre qui permettait d'accéder au niveau supérieur. Dans la plupart des universités, les étudiants avaient seulement trois possibilités de réussir un partiel. Aucune matière du programme ne pouvait en compenser une autre. Après ces trois tentatives, si la réussite ne souriait pas à l'étudiant, il était exmatriculé et n'avait plus la possibilité de refaire cette filière dans une autre université du pays. J'étais donc sous pression, et j'ai fini par comprendre pourquoi certains Camerounais venus faire leurs études en Allemagne, réussissaient leurs études à la suite multiples tentatives. Ce n'était pas le cas des étudiants de la France, car ces derniers n'avaient aucune barrière linguistique et pouvaient compenser dans différentes matières. J'étais angoissée à l'idée d'échouer. Plusieurs étudiants, bien qu'ils étaient arrivés des années avant moi, n'avaient toujours pas obtenu leur examen de langue pour intégrer l'université.

En peu de temps, je m'engouffrais dans une spirale toxique dont je n'arrivais pas à sortir. J'avais l'impression d'être environnée de personnes ne connaissant que l'échec, et il était important pour moi de m'en détacher à tout prix en sortant de ce milieu, afin de retrouver les standards dans lesquels j'avais été éduquée. Cela me bien semblait difficile dans ce pays tant convoité, c'est pourquoi je me devais de faire les choses autrement. Pour y parvenir, je devais sortir de cette phase complexe de ma vie. Je ne me sentais plus à l'aise dans ma relation avec Fabian. Sa mère avait des préjugés sur moi, car nous étions issus de deux régions différentes. Elle avait des aprioris sur les personnes de ma région et n'avait pas cherché à me connaitre. C"est la première fois qu'on me discriminait à cause de mes origines ! Mon bonheur fut de nouveau attaqué.

Blessée, j'aurais pu me battre pour ma relation avec Fabian, mais j'étais trop jeune pour vivre une histoire semblable à celle que ma mère avait vécu dans sa belle-famille. Dès cet instant, le cœur endurci, je refusais catégoriquement tout homme de de la même région que lui qui s'approchait de moi.

*

Après ces deux semestres ratés, je décidais de prendre un semestre sabbatique pour travailler, afin de réorganiser mes finances et préparer la prochaine rentrée. Je craignais de passer mes examens une troisième fois et de perdre l'occasion de refaire des études en Pharmacie dans une autre université.

L'année de mes 21 ans, je pris un nouveau départ. J'entrepris d'envoyer d'autres demandes d'inscription en Pharmacie, dans cette nouvelle filière dont j'avais entendu parler en cours. La biotechnologie était le futur dans l'élaboration de traitements innovants. J'avais le désir de quitter l'Allemagne pour la France, pour aller plus vite dans mes études et rattraper le retard que j'avais pris par rapport à mes camarades du collège. Mais comment allais-je expliquer ce changement à Maman ? Après réflexion, je décidais de rester. Tous ces sacrifices devaient porter leurs fruits. Je devais me battre pour faire honneur aux parents, même dans les difficultés.

Cet été-là fut synonyme de travail et d'angoisse. Je voulais un nouveau départ, connaitre la réussite à nouveau, mais pour cela, il me fallait patienter. Après quelques mois d'attente, j'ai enfin reçu une invitation à m'inscrire au premier semestre en Biotechnologie à l'université technologique de Gießen, non loin de Francfort. J'attendais d'autres retours, en vain. Je décidais donc de m'inscrire en Biotechnologie et de rechercher un logement en cité universitaire. Quelques jours avant la rentrée universitaire, je m'installais dans mon studio. Les choses devaient changer. Je voulais vivre dans cette ville le plus discrètement possible, ce qui s'avérait quelque peu difficile.

Dès mon arrivée, j'évitais au maximum toute activité avec ma communauté. Mon intégration allait bon train, je m'étais fait des amis en peu de temps, ce qui m'a permis d'améliorer mon niveau de langue. Mes nouveaux camarades m'aidaient dans la rédaction des protocoles lors des évaluations à remettre et corrigeaient mes fautes. Avec eux, je renouais avec l'excellence et l'exigence de ce travail bien accompli qui est propre aux Allemands. Nos relations me permettaient de mieux connaitre tous les rouages du pays. C'est ainsi que j'ai validé toutes les matières avec de bonnes notes.

Ayant nettement gagné en assurance, il m'arrivait d'oublier mes déboires passés. Malheureusement, le fait de marcher uniquement avec des Allemands était mal perçu par les personnes de ma communauté. On me qualifiait de snob, d'arrogante, d'imbue de ma personne. On me surnommait « l'Allemande ». Malgré tout, cela n'avait plus d'impact sur moi comme au début. Je voulais réussir, un point c'est tout.

Dans cette même période, ma relation avec Fabian n'était plus au top. Nous étions toujours ensemble, mais je savais que nous n'allions pas faire long feu. On ne se voyait plus que certains weekends durant le mois. Avec l'avènement des réseaux sociaux, j'entrais en contact avec mes anciens camarades dispersés à travers le monde. Certains faisaient leurs études en France et un peu partout en Europe, d'autres aux USA ou au Canada, et d'autres encore étaient restés au Cameroun. Malgré la distance, nous étions tous heureux de nous revoir et de rester en communication. On organisait souvent des rencontres pour se remémorer le bon vieux temps passé sur les bancs du collège.

Mais de toutes ces rencontres, ma rencontre avec Ethan est celle qui m'intéressait le plus. Je voulais savoir ce qu'il était devenu après tout ce temps. Il avait quitté le collège après la 6e et je n'avais plus jamais entendu parler de lui. Plusieurs fois, lors de soirées en boite, j'avais espéré le croiser à tout hasard, mais en vain. Qu'était-il devenu ? Il s'était volatilisé ! Je décidai donc d'inscrire son nom sur la barre de recherche Facebook et j'atterris directement sur son profil. Il n'avait pas du tout changé et vivait apparemment en Australie. Je parcourais son profil Facebook chaque jour pour regarder ses photos. Je tombais de nouveau sous son charme, comme lorsque je l'avais vu pour la première fois. Ravalant ma fierté, je décidai de lui envoyer une demande d'amis avec un petit message de présentation :

« Bonjour, Ethan, c'est Sabine, tu ne dois pas te souvenir de moi, mais nous étions au collège Vogt. Je viens de visiter ton profil, cela fait vraiment plaisir de te revoir. Porte-toi bien. »

La même journée, ma demande d'amis était approuvée et j'avais reçu un message de lui. Mon cœur battait la chamade.

« Bonjour Sabine, je me porte bien et j'espère que toi aussi. Je pense avoir une idée de qui tu es, sache que ton message me fait plaisir. »

Ce message venait d'illuminer ma journée ! Ce fut le début de très longs échanges sur Facebook, suivis d'appels téléphoniques, durant lesquels nous passions des heures à parler en toute amitié. Sa voix douce et posée m'apaisait. Bien éduqué, serein, calme et surtout très cultivé, il était clair qu'il venait d'une bonne famille. En parallèle, je décidai de quitter Fabian définitivement quand grande fut ma surprise de constater que j'étais enceinte de lui. Prise de panique, il était clair que je ne pouvais garder cet enfant. Je venais de reprendre mes études et tout se passait pour le mieux. Comment allais-je annoncer une telle nouvelle à Maman ? Pas question pour moi de devenir mère aussi jeune.

Je pris la résolution d'informer Fabian de ma décision d'interrompre cette grossesse. Contre toute attente, celui-ci fut attristé par cette nouvelle. Il m'aimait et voulait que je garde cet enfant qui grandissait en moi. Il se voyait déjà papa et envisageait d'arrêter les études ou de travailler en parallèle, afin de subvenir à nos besoins. C'était hors de question. Je refusais d'être celle qui gâcherait sa vie et je demeurais donc ferme dans ma décision.

Le jour prévu pour l'interruption de grossesse arriva et je me présentais à la clinique avec les papiers nécessaires. Fabian m'accompagna ce jour-là, en larmes, m'implorant de ne pas commettre cet acte, mais il ne put me faire changer d'avis. Anesthésiée, je n'ai rien ressenti durant l'opération. À mon réveil, Fabian était là, assis à mes côtés, le regard triste. C'est à ce moment que je me suis rendu compte de ce que je venais de faire. Une profonde tristesse envahit mon être. J'avais l'impression d'avoir perdu une partie de moi.

C'était douloureux, suffoquant. Durant les mois qui ont suivi l'opération, cette sensation ne m'a pas quitté. Fabian, lui, est entré dans un mutisme profond ; je le comprenais et je souffrais de lui avoir fait endurer cette épreuve.

J'avais besoin d'aide, mais je n'osais pas en parler. La seule personne avec qui je pouvais partager ma peine m'en voulait. Mon âme criait à l'intérieur de moi, j'avais tué un être humain ! Trois ans après la mort de mon père, je replongeai dans une autre dépression. Fabian m'avait pardonné, mais je ne m'étais pas pardonné à moi-même.

Je fis appel à Dieu, ce Dieu dont je m'étais volontairement écartée après la mort de mon père. Ce Dieu que je rendais responsable d'avoir fait de moi une orpheline. J'implorais sa clémence. En classe, ça n'allait pas et seules mes conversations avec Ethan demeuraient mon échappatoire au quotidien. J'avais tant besoin de partager avec lui mon état, ce qui me faisait souffrir, mais je ne voulais pas me sentir jugée. Non, ce secret, je ne le partageais qu'avec Fabian.

Peu de temps après, malgré la distance, Ethan me demanda de devenir sa petite amie. Mon oui ne s'est pas fait attendre. La relation était sur la bonne voie, on se voyait évoluer ensemble dans le futur, et il était donc question d'immigrer en Australie après mes études. Avec Ethan, je retrouvais le sourire, il m'arrivait d'oublier mes blessures passées. Je me sentais heureuse dans cette relation, et mes rapports avec sa famille étaient au beau fixe. De plus, je m'entendais à merveille avec ses sœurs, dont la petite dernière qui avait le même âge que moi. Elle est rapidement devenue ma confidente. La mère d'Ethan m'adorait, et c'était réciproque. Papa et elle s'étaient déjà rencontrés par le passé et ils avaient entretenu de bons rapports. Selon elle, j'étais un bon choix pour son fils, sans compter ma famille qui l'adorait.

Tout était parfait, mon amour pour Ethan grandissait avec le temps et pour la première fois, je pensais au mariage. Bien qu'encore étudiante, j'étais prête à tout pour lui. J'étais dans ma bulle d'amour quand je commençai à remarquer un changement chez lui. Il n'était plus aussi bouillant qu'au début et nos échanges se raréfiaient. Je ressentais un désintérêt lors de nos conversations. Quelque chose n'allait pas, mais j'ignorais quoi ? C'est en creusant un peu plus que je me suis rendu compte qu'il était dans une autre relation. J'avais intercepté les messages d'une fille dans sa boite de réception. Il avait surement oublié que je possédais ses identifiants !

Encore une fois, mon cœur venait de tomber en lambeaux. Je me sentais comme une moins que rien. Comment pouvait-il me trahir de la sorte ? Nous parlions de mariage, d'une vie commune, nos familles se connaissaient.

Comment osait-il faire une telle chose ? Tous les sentiments négatifs possibles remontèrent en moi. Je décidai de tout arrêter et de le laisser continuer sa relation, puisque la fille en question semblait vivre avec lui en Australie. Il me supplia de lui pardonner et de ne pas mettre fin à notre relation. Ce que j'ai accepté, de peur que mes proches et amis apprennent notre séparation.

La seule condition était qu'il arrête sa liaison avec cette fille, ce qu'il n'a pas fait. J'étais véritablement blessée. Il n'avait pas le droit de me trahir à nouveau et de briser ce que nous avions commencé à construire. C'est ainsi que je mis un terme à cette histoire de manière définitive. À mon sens, je méritais d'être traitée comme une princesse et il n'était pas question pour moi de partager un homme avec une autre.

Notre séparation fut houleuse et malgré mes mises en garde de ne pas me recontacter, il n'écoutait pas. Des années après notre rupture, il continuait à reconnaitre son erreur et insistait pour qu'on reprenne notre relation, mais mon refus demeura catégorique. Il avait brisé tout ce que j'avais toujours rêvé d'avoir dans une relation. Le pardon n'était pas une option. De plus, je savais que je trouverais forcément un meilleur compagnon.

J'ignorais cependant qu'un autre plan bien plus sournois allait se mettre en marche dans ma vie.

L'enfer sur terre

La fin de cette relation m'avait profondément affectée et je demandais souvent si je serai réellement heureuse dans ce domaine de ma vie. Certaines questions comme : « *Suis-je faite pour être en couple ?* » ou « *Pourquoi est-ce que je n'arrive pas à construire une relation durable ?* » me taraudaient l'esprit. Je n'avais plus le moral ni la paix intérieure. La seule chose qui m'importait à cette époque, c'était de trouver un homme mature prêt à s'engager.

Si mes plans d'obtenir mon diplôme avant 25 ans avaient lamentablement échoué, je ne devais pas rater ceux liés à mon mariage. Somme toute, j'étais résolue à ne pas terminer comme certaines femmes de ma famille : âgées et célibataires. Quelle pression ! De plus, je ne voulais surtout pas donner raison à la petite sœur de Papa qui avait proféré des paroles de malédiction sur ma vie. « *Tu ne te marieras jamais, tu n'auras pas d'enfants et tu ne feras rien de bon ici-bas !* » Ses paroles résonnaient en moi et j'avais l'impression qu'elles faisaient réellement écho dans ma vie.

J'étais dans la tourmente lorsqu'une connaissance me contacta un jour pour me présenter à un ami. De dix ans mon aîné, Lionel venait de terminer ses études et avait commencé à travailler comme consultant dans une boîte de service-conseil. Il était lui-même à la recherche d'une jeune femme pour une relation sérieuse pouvant mener au mariage. Elle avait tout de suite pensé à moi. L'homme en question paraissait plutôt bien sur ses photos et avait l'air mature ; le seul bémol, c'est qu'il avait déjà un enfant. Jusqu'ici, je n'étais sortie qu'avec des jeunes de mon âge. J'étais un peu indécise à l'idée d'entretenir une relation amoureuse avec un homme de son profil, mais être seule ne m'arrangeait pas non plus. Je devais absolument me marier avant mes 25 ans.

Je décidai donc d'accorder du temps à Lionel. Il avait l'air d'une personne très ambitieuse. Il avait quitté un poste important chez un opérateur de téléphonie au Cameroun pour venir se spécialiser en France. Issu d'une grande école, il avait l'intention d'ouvrir sa propre société de conseil après quelques années d'expérience. Je l'encourageai dans cette voie. Je l'admirais pour son audace, son courage, et surtout parce qu'il poursuivait ses rêves. Il me rappelait cette époque où j'étais moi-même pleine de fougue. Nos échanges me redonnaient de la force pour mes études. En effet, si je devais avoir un tel partenaire, il me fallait être au même diapason et avoir autant de succès dans le domaine professionnel. Il me parlait souvent de sa famille : il était le sixième d'une fratrie de dix enfants, dont cinq garçons et cinq filles. Impressionnant !

Nous avons passé des mois à échanger et il me proposa un jour de venir le rencontrer en personne. À cette époque, il était en mission à Nice. Il m'avait envoyé un billet d'avion pour le week-end et j'ai fait le déplacement. Étrangement, j'avais un mauvais pressentiment. En descendant de l'avion, je l'aperçus dans le hall d'entrée. C'est alors que j'entendis cette petite voix à l'intérieur de moi : « *Arrête, arrête, s'il te plait, tu vas souffrir* ». Ces mots m'ont perturbée tout le long du trajet, mais je décidai de les ignorer. Je regrette de ne pas avoir considéré cette alerte, que je considère comme étant la voix du Saint-Esprit. Avec le recul que j'ai aujourd'hui, je sais que le Ciel m'avertissait du malheur qui allait s'abattre sur moi, comme lors de la mort de Papa.

Nous avons passé un beau séjour à Nice. Après avoir visité la ville, nous sommes allés dîner dans l'un des restaurants les plus prisés de Nice. Je découvrais un homme ambitieux et drôle. Je remarquai cependant quelques complexes. Il n'entrait pas dans les détails, mais c'est comme s'il avait souvent été rabaissé dans sa vie. Il n'était pas issu d'une famille aisée et cela avait créé en lui une rage de réussir.

À la suite de ce week-end, nous avons officialisé notre relation et bien entendu, je ne manquais pas d'actualiser mon statut Facebook. Toutes mes amies se demandaient comment j'avais pu dégoter un homme aussi canon en France alors que j'habitais en Allemagne. Elles voulaient tout savoir et dans ma naïveté, je leur révélai absolument tout. J'ai bien entendu eu droit à une myriade de conseils sur la gestion de mon couple. En réalité, je sentais qu'elles n'étaient pas vraiment heureuses pour moi.

Au fil de la relation, je remarquais que Lionel devenait distant. Angoissée à l'idée de revivre les mêmes schémas du passé, je lui fis part de mes inquiétudes ; ce à quoi il me répondit que tout allait bien, qu'il avait beaucoup de travail et devait préparer une nouvelle mission, cette fois-ci aux États-Unis. Nous avons donc convenu de nous voir à son retour. De mon côté, j'étais en pleine recherche de stage pour la rédaction de mon mémoire. Stressée de ne pas trouver de stage en industrie pharmaceutique, j'accumulais les frustrations. Je rêvais d'être embauchée dans une entreprise de renom comme Pfizer, Sanofi ou encore Novartis, pour être à la hauteur de Lionel. Cependant, aucun de mes efforts n'aboutissait.

J'étais si submergée que je réalisais un peu trop tard que le contact s'était littéralement coupé entre Lionel et moi. Sans nouvelles depuis son départ, j'ai donc appelé son petit frère. Il était surpris que je ne sois pas au courant que Lionel était rentré en France et qu'il avait même eu le temps de faire un tour au Cameroun. Abasourdie, je l'appelais immédiatement et sur un ton froid, il me confirma qu'il était bel et bien rentré de son voyage. C'est à peine s'il répondait à mes questions. Pendant des semaines, il continua dans la même veine jusqu'à ce que, fatiguée, je lui ai dit qu'il était temps d'arrêter la relation. Apparemment, cela n'avait rien à voir avec moi, c'était l'une de ses grandes sœurs qui le mettait de mauvaise humeur.

Nous avons donc décidé de nous revoir après plusieurs mois. Je suis allée le voir durant un long week-end, nous avons passé de bons moments ensemble, et une amie à moi est passée nous rendre visite. Elle n'avait pas eu de mal à trouver la maison. À la fin de la soirée, je décidais de m'allonger pour une sieste quand soudain, j'entendis des éclats de voix à la cuisine. Lionel était au téléphone avec une femme, à qui il parlait dans son dialecte. Je ne comprenais rien, mais il semblait très en colère.

« Bébé, que se passe-t-il ? Avec qui parlais-tu ? »

« Avec ma grande sœur, celle qui habite en Afrique du Sud. Elle est en France en ce moment, chez mon frère, et elle refuse de venir me rendre visite. »

« Mais pourquoi pas, ça m'aurait tellement fait plaisir de la rencontrer. Je lui aurai fait à manger. »

« Parce qu'elle veut m'imposer des choses que je ne veux pas et on se prend la tête. »

« Ah oui, des choses comme quoi ? »

« Elle veut que j'épouse la petite sœur de son amie, qui vit au Cameroun. »

Je sentis mon cœur s'arrêter.

« Mais qu'est-ce que c'est que cette histoire ? », me suis-je dit au fond de moi.

« Et toi, qu'est-ce que tu veux ? » lui demandais-je après avoir repris mon souffle.

« *Depuis le début, je lui ai dit que je ne veux rien savoir, que j'ai quelqu'un dans ma vie ; je lui ai parlé de toi. Elle ne va pas m'imposer une femme comme ça, elle n'est pas ma mère.* »

« *Hum.* »

« *Oui… Comme je refuse d'épouser la petite sœur de son amie, elle m'évite. Elle fait le déplacement jusqu'en France et ne veut pas me voir.* »

Prise par la peur, je ne savais quoi dire, mais il me rassura : il n'allait pas céder, car c'était bien moi qu'il voulait. Intérieurement, je me demandais ce qui n'allait pas avec moi. À chaque fois que le bonheur commençait à me sourire, quelque chose venait s'y opposer. Amoureuse, je décidai de lui faire confiance, car il semblait savoir ce qu'il voulait.

À la suite de ce week-end mouvementé, je suis rentrée chez moi avec pour objectif de trouver un stage et préparer mes examens. Or, dès mon retour, la distance s'accentua entre Lionel et moi. Aucun appel ni message, silence radio. Je lui demandai donc une fois de plus s'il souhaitait mettre fin à la relation, sans réponse. J'étais tellement mal que je n'arrivais à rien faire. Il me manquait terriblement.

À ce moment précis, je me suis tournée vers la seule chose qui pourrait m'aider face à ce problème : la prière. Pour la première fois de ma vie, je décidai de faire un jeûne de sept jours à sec pour implorer Dieu.

Dans ma prière, je lui demandais la grâce de pouvoir me marier, qu'Il fasse revenir Lionel dans ma vie. Si et seulement si c'était l'homme de ma vie. Je priais avec ferveur durant ces sept jours et le « miracle » se produisit. Lionel me recontacta après plusieurs semaines de silence. Il disait que je lui avais manqué et qu'il voulait me revoir. Contente, je pris cela comme un signe. Je ne savais pas qu'inviter Dieu dans sa vie, c'est lui laisser les rênes pour agir selon sa volonté. Quand Il entre en scène, Il fait d'abord le nettoyage.

J'avais décidé de voyager afin de revoir Lionel le plus tôt possible. Le jour J arriva, et mon bonheur fut tel que je me livrai à lui comme jamais. À sa demande, nous avons eu des rapports sans protection, et ce fut la fin. La fin de notre relation et le début d'une longue et profonde souffrance pour moi. Le lendemain, une amie est venue me chercher pour déjeuner. Une fois sur place, elle ne tarit pas d'éloges quant à l'appartement de Lionel.

Elle disait être heureuse pour moi parce que j'avais trouvé quelqu'un de bien, avec un bon travail, alors qu'elle-même ne tombait que sur des mecs qui ne voulaient rien de sérieux. Je lui racontai la nuit que j'avais passée et le fait que j'avais eu des rapports non protégés. Seulement, je ne pensais pas être dans ma période de fécondité pour prendre un contraceptif d'urgence. Je lui expliquais tout cela sans savoir qu'elle l'utiliserait contre moi.

Une fois rentrée, j'ai réalisé que j'avais réellement eu des rapports non protégés pendant ma période de fertilité ! Horrifiée, je pris l'initiative d'informer Lionel le soir même. Sa réaction fut des plus atroces. Il insistait sur le fait que j'avais tout planifié. Apparemment, je l'aurai piégé pour avoir un enfant de lui. J'aurais dû prendre une contraception d'urgence, sachant qu'il y avait une pharmacie dans sa résidence. Je tentais de lui expliquer, mais il ne voulut rien savoir. Il me qualifiait de sorcière.

Selon lui, j'avais pour projet de le ralentir dans ses ambitions, au lieu de penser à mes études. Le même soir, il appela mes amies. Celle que j'avais rencontrée lui confirma la théorie selon laquelle je l'aurai piégé, puisqu'elle m'avait conseillé de prendre une pilule du lendemain, ce que j'avais refusé de faire. J'étais anéantie. Je n'étais même pas encore sûre d'être enceinte, qu'on me traitait déjà de tous les noms. Je décidai donc de faire un premier test de grossesse, qui s'avéra négatif.

Quelques jours plus tard, je fis un songe. J'étais en conversation avec Dieu. Il me dit :

« *Tu auras un fils.* »

« *Ah bon, c'est vrai ! Quel sera donc son deuxième prénom ? Puisque je lui donnerais le prénom d'Étienne.* » « *Appelle-le "Dieu fait grâce" !* »

Intriguée, je me réveillai en pleine nuit pour chercher le prénom avec cette signification : Johan. Les jours passèrent et mes menstruations n'arrivaient pas. Apeurée, angoissée, je pleurais et implorais Dieu pour qu'elles apparaissent. En vain ! Le nouveau test était positif.

On aurait dit que le monde entier me tombait sur la tête. Comment allais-je annoncer à Lionel que j'étais enceinte alors que je lui avais déjà transmis un premier test négatif ? Je n'avais plus d'appétit. Je pris finalement mon courage à deux mains et l'informais par message. Les injures reprirent de plus belle. À ses yeux, j'étais devenue pire qu'une fille de rue. De plus, il souhaitait informer Giovanni de la situation, afin qu'il me dise d'interrompre la grossesse. Toute ma famille fut mise au courant bien avant que j'eusse la chance de le faire. Lionel avait même dit à Maman que je n'étudiais pas vraiment, voilà pourquoi je voulais garder cet enfant.

Toute la famille, à l'exception de Chris, m'a imposé d'avorter. Mais il était hors de question pour moi de repasser par cette épreuve. Je ne voulais plus avoir la mort d'un de mes enfants sur la conscience. L'idée même de ne plus pouvoir concevoir après un deuxième avortement s'installa dans mon esprit et je restai sur ma position de garder le bébé. C'est là que le véritable conflit commença. Je vivais l'enfer sur terre. Je pouvais sentir la déception de Maman, et je lui avouais donc que j'avais déjà avorté par le passé et que cela avait été une expérience traumatisante.

Je décidai d'informer Lionel de ma décision de garder le bébé, et ce, même s'il ne voulait ni de moi ni de mon enfant. Ce jour-là, je reçus des paroles si méchantes que j'ai commencé à perdre du sang. J'étais au téléphone, en plein centre-ville, les yeux remplis de larmes, quand je sentis du sang ruisseler sur mes jambes comme de l'eau. Heureusement pour moi, je n'étais qu'à une station en bus du cabinet de ma gynécologue. J'avais tellement mal que je n'arrivais pas à parler. À la vue de mon jean taché de sang, elle a vite compris. J'étais en train de faire une fausse couche. Elle m'a prescrit environ dix comprimés vaginaux à prendre chaque jour afin d'arrêter les saignements.

J'étais comme une droguée. Pendant trois mois, je n'ai pas arrêté de saigner. Il s'avère que j'avais une grossesse gémellaire. Je faisais réellement une fausse couche, mais il semblerait qu'un fœtus avait pu résister au traumatisme émotionnel que j'avais subi. Je pensais à Lionel. Où était passé l'homme qui me rassurait et me disait vouloir continuer notre relation ? Sans compter que j'étais devenue le sujet de moqueries de toutes mes amies. Mon histoire était à la une de leurs statuts Facebook et tout le monde en riait.

De fille de bonne famille, j'étais devenue insignifiante. Il était insupportable pour moi de voir quelqu'un salir ce nom que j'avais reçu de mon père et qui faisait notre fierté. En effet, à cause de cet homme, mon nom, celui de ma famille, ainsi que ma réputation étaient complètement souillés. Cela me brisait le cœur et je me rappelais les conversations avec Papa, qui insistait toujours sur le fait de faire attention aux personnes que je laisserai entrer dans ma vie. Sa fameuse question qu'il aimait tant poser : « *Qui sont les parents de ton ami là ?* », je ne l'avais pas posée à Lionel. Je ne savais rien de la famille dont il était issu ni sur l'éducation qu'il avait reçue, mais je l'avais laissé entrer dans ma vie, et ce choix était en train de me détruire.

J'en devenais folle, à pleurer sur ma condition, l'absence de mon père, ou encore le fait que je n'avais pas appliqué ses conseils. J'avais aussi désobéi à cette voix qui, dès notre première rencontre, m'avait dit de ne pas m'attacher à Lionel. J'étais en colère contre Dieu, car selon moi, Il m'avait trahi. D'ailleurs, pourquoi avait-Il permis que cet homme revienne dans ma vie pour me briser ? Pour une fois que je jeûnais, Dieu me trompait. Mon âme était blessée à vif. J'avais prié pour le mariage et voici que je me retrouvais enceinte, rejetée et humiliée. Cela n'avait rien à voir avec la vie que j'avais rêvé de vivre en quittant la maison familiale.

Les questions s'enchaînaient dans ma tête. Qu'est-ce qui n'allait pas chez moi ? Pourquoi tant de désillusions et de déceptions ? Étais-je une si mauvaise personne pour que le karma s'acharne sur moi à ce point ? Combien de fois avais-je demandé à Lionel d'arrêter la relation ? Ces questions, je les avais posées en pleurs à l'une de mes cousines. Sa réponse est restée gravée dans ma mémoire : « *Pleure Sabine, tu as le droit de pleurer, mais je t'en prie, ne pleure pas longtemps parce qu'il va falloir te relever* ». Comble de malheur, Lionel me rejetait en m'informant qu'il avait déjà prévu d'épouser une autre femme. J'ai même appris qu'il m'avait menti sur le nombre de ses enfants. Pour lui, je n'étais pas le genre de femme qu'un homme voudrait épouser.

Cette affirmation, je l'ai reçue comme une dague en plein cœur. Il ne remettait pas seulement ma personne en question, mais aussi l'éducation que j'avais reçue de mes parents. De ce fait, il rejoignait cette fameuse tante dans l'idée que je ne connaitrai jamais les joies du mariage. J'avais l'impression de vivre un cauchemar éveillé, mais le pire n'était pas encore arrivé. À la suite de ma fausse couche, les révélations sur Lionel ont bousculé mes pensées. Cela se répercutait dans mon corps.

À seulement quatre mois, j'ai appris que j'attendais un garçon. Mon rêve se confirmait. À ce moment, j'ai commencé à sentir des douleurs très fortes dans le bas-ventre. Ma gynécologue a constaté que c'était dû en réalité à des contractions et qu'il fallait que je me prépare pour l'accouchement. Je ne savais plus à quel saint me vouer.

J'appelai Maman pour l'informer de la situation et sa réponse m'a brisé le cœur : « *Baby, si elle dit que tu dois accoucher maintenant, alors prends ton courage à deux mains et vas-y. Mes prières t'accompagnent. »*

Seule au monde, j'avais l'impression que ma mère m'abandonnait. Alors j'ai fait ce que Papa m'avait conseillé de faire, lors de notre dernière conversation : « *En toute chose, invoque toujours le Saint-Esprit de Dieu* ».

J'ai crié à Dieu comme jamais : « *Seigneur, si tu es réellement le Dieu de mes parents et si Tu existes véritablement, manifeste-Toi dans ma vie. Je n'ai plus que Toi face à la situation que je traverse. Je ne peux pas accoucher maintenant, quel genre d'enfant vais-je mettre au monde ? Si Tu existes vraiment, je t'en supplie, manifeste-toi.* » Étonnamment, Il s'est manifesté. Mes contractions ont cessé et à la suite de cet épisode douloureux, ma grossesse se passa sans aucun incident. J'avais vu la main puissante de Dieu agir et je me suis dit : « *S'il a pu faire cela, Il pourra aussi faire revenir Lionel sur sa décision.* » J'avais encore espoir.

Maman décida que je devais aller rejoindre sa cousine en France, pour éviter de rester seule pendant la grossesse. Je le voyais comme un signe divin pour une éventuelle réconciliation avec Lionel. Hélas ! Plus j'essayais et plus il était hostile. Je le vivais très mal, j'en perdais la foi. Quelle honte pour moi de porter un enfant dont le père ne voulait rien savoir ! J'avais pourtant été entourée de beaucoup d'amour dans mon enfance. Le rejet dans toute sa splendeur, voici ce que j'expérimentais à présent.

À bout, je décidai un jour de me jeter dans la Seine et d'en finir avec la vie. Pourquoi devrais-je vivre ? J'étais un sujet de moquerie, une déception pour ma mère, mon père me manquait énormément et je voulais simplement le rejoindre dans l'au-delà. Rien ne marchait plus dans ma vie.

Au moment où je m'apprêtais à passer à l'acte, quelqu'un s'avança vers moi et me dit : « *Ne fais surtout pas ce que tu as l'intention de faire ; Dieu me dit de te dire qu'Il t'aime* ». Je n'en croyais pas mes oreilles ! Dieu m'aimait et une personne venait littéralement de m'empêcher de commettre l'irréparable. Je me retournais pour voir qui me parlait et je ne vis personne. Clairement, le Ciel avait envoyé un de ses anges. Je fondis en larmes et c'est précisément à ce moment que je commençais à chercher la présence de Dieu là, dont on m'avait tant parlé.

Quelques semaines plus tard, je donnai naissance à un magnifique petit garçon du nom d'Étienne Johan, « Dieu fait Grâce ».

Espoir

Deux semaines après mon accouchement, Maman arriva du Cameroun pour me soutenir. Mon âme était abattue, et la honte collait à ma peau comme un vêtement. Manque d'appétit, baisse de poids, j'ai vite fait de perdre tous les kilos en trop de la grossesse. Durant ces neuf mois, j'avais gardé l'espoir que le cœur de Lionel changerait à mon égard et qu'il revienne vers moi pour l'accouchement, en vain. Ma colère laissa place à un mutisme profond. Malgré tout ce que Dieu avait accompli pendant ma grossesse, je lui en voulais encore.

Je le tenais pour responsable de ce qui m'arrivait, alors qu'en réalité, j'étais la seule fautive : j'avais fait les mauvais choix, des choix basés sur la pression de me marier avant l'âge de 25 ans et non des choix fondés sur la parole de Dieu. Avoir mon fils dans les bras tous les jours était la seule chose qui m'empêchait réellement de craquer.

Je pouvais entrevoir la souffrance de ma mère. Elle m'observait avec peine, ayant du mal à reconnaître son enfant, auparavant si joviale. Malgré tout, elle cherchait à entamer le dialogue. Elle était à la maison depuis déjà trois mois, quand elle me dit un jour :

« Baby, je rentre bientôt, mais je voudrais que nous ayons une conversation avant mon retour au Cameroun. Je t'ai observé ces derniers jours et je peux dire que tu ne vas pas bien. »

« Maman, je vais bien. Ne t'en fais pas. »

« Tu sais, je t'ai préservée toute ta vie. Je ne t'ai jamais exposé le mauvais côté de la vie. Préserver ton innocence était capital pour moi, car je n'ai pas eu une existence facile. Excuse-moi d'avoir été aussi dure avec toi pendant ta grossesse. Je me sentais mal et impuissante, je ne pouvais pas t'aider. »

« Ça va Maman. »

« Tu as toujours été une enfant joviale, pleine de vie ! Mais cette situation t'a littéralement changée. Tu as cessé de briller, tu n'es plus que l'ombre de toi-même. Mon bébé, je t'en supplie, tu dois être courageuse et faire quelque chose pour moi, et tu verras que ça ira pour le mieux. »

« Que veux-tu que je fasse ? »

« Baby, pardonne à ce garçon ! »

Je m'effondrais dans ses bras en sanglotant.

« Maman, je ne peux pas et je n'y arriverai pas ! Qu'est-ce que je lui ai fait pour mériter tout ça ? »

« Je sais que ce que je te demande est difficile, mais trouve en toi la force de pardonner. Le pardon te libérera ! »

« Maman j'ai mal ! »

« Je sais. Demande à Dieu de te donner la force du pardon et tu verras que ce garçon n'aura plus d'emprise sur toi. »

« Je n'y arriverai pas. »

« Si, tu dois pardonner au père de ton enfant. Par la suite, lève-toi, bats-toi pour ta vie et celle de ton enfant. Sois courageuse ! »

Cette conversation est venue mettre des mots sur ce que je voulais refouler. Je devais accepter la situation, ma situation, y faire face pour pouvoir avancer. C'était certes douloureux, mais je fis ce que Maman m'avait conseillé : je demandai au Seigneur la grâce du pardon. Cette prière m'a littéralement libérée. Ce poids qui pesait sur mes épaules, ce goût amer dans ma bouche, cette honte qui m'enveloppait, tout cela a fini par s'estomper pour laisser place à la sérénité, la douceur de rencontrer le Christ dans toute sa plénitude. Sans la sagesse de Maman, je serais probablement encore dans cette spirale toxique, prisonnière de mes propres rancœurs. Je lui en étais si reconnaissante.

Pendant que je cherchais à construire une relation avec Dieu et à me remettre sur pieds, certaines personnes estimaient qu'il fallait à tout prix que Maman me fasse retourner au Cameroun. D'après eux, je n'avais plus aucun avenir et je ne pourrais jamais obtenir mon diplôme, encore moins avec un enfant sous les bras. C'est comme si l'épisode de la mort de Papa se répétait. Malgré toute cette pression, elle me fit confiance. Elle est peut-être la seule personne dans cette vie qui reconnaît le potentiel divin en moi. Malgré leur insistance, elle n'a pas faibli et a continué de me soutenir pour que je termine mes études.

Dès cet instant, je persévérais encore plus dans la prière, car je pouvais voir Dieu œuvrer dans ma vie, au niveau de mes études et de la provision dont j'avais besoin. Mon fils et moi ne manquions de rien, nous avions chaque jour de quoi manger. J'ai pu retourner aux études quand Johan a eu 7 mois, et un an plus tard j'obtenais mon diplôme d'ingénieur. Par la suite, j'ai décidé de me spécialiser en technologie pharmaceutique en retournant en faculté de Pharmacie, à Paris cette fois-ci. J'ai obtenu mon Master avec honneur ! Dieu merci, j'ai pu réaliser ce que les autres me croyaient incapable d'accomplir.

*

La vie suivait son cours, mais une inquiétude persistait. Peu de temps avant le premier anniversaire de mon fils, je fis un songe dans lequel Lionel, rempli d'animosité à mon égard, disait à sa famille : « *Pour qui se prenait-elle ? Voici mon véritable enfant qui arrive.* » Je ne parvenais pas à comprendre pourquoi il avait une telle haine à mon égard. J'avais littéralement disparu de sa vie, mais apparemment je demeurais son pire cauchemar. Et en effet, quelques jours plus tard, j'appris que sa femme avait accouché d'une petite fille. Cela ne me faisait plus ni chaud ni froid, il pouvait avoir autant d'enfants qu'il souhaitait.

J'avais définitivement fait le deuil de cette relation et j'entrepris à ce moment-là de couper tout lien qui me connectait à lui d'une manière ou d'une autre.

J'avais d'autres soucis qui méritaient pleinement mon attention. En effet, Johan semblait avoir un retard. J'avais déjà une expérience des bébés, et je partageais donc mes craintes avec Maman. Elle tenta de me rassurer, en me disant que cela pouvait arriver à certains enfants, mais qu'ils évoluaient normalement par la suite. J'avais tout de même des doutes. Il a marché assez tard, rencontrait des difficultés à faire toutes les activités des enfants de son âge et avait également un retard au niveau du langage. Son pédiatre de l'époque me rassura. Il disait que Johan avait besoin de s'entourer d'autres enfants pour rattraper son retard. J'entrepris donc de l'envoyer au Cameroun afin qu'il soit avec ses cousins, mais en vain.

Mon fils ne parlait pas, du moins il s'exprimait dans une langue méconnue de tous. Il était dans son propre univers. De retour en Europe, les pédiatres parlaient d'un trouble du comportement, d'autisme. Je devais faire des examens et des tests plus spécialisés pour confirmer ce diagnostic. Après mon master, j'avais la possibilité de continuer en thèse de doctorat ou de commencer une brillante carrière dans l'industrie pharmaceutique, mais je ne pouvais pas. La priorité était mon fils, qui avait besoin que je l'aide à surmonter ces retards.

Cette période fut très difficile, car j'ai littéralement dû mettre tous mes rêves et mes projets de côté. Cependant, j'ai eu la chance d'avoir un travail épanouissant me permettant de m'adapter au programme de mon fils et de subvenir à nos besoins. C'était pénible de le voir dans cet état. Le fardeau de devoir l'éduquer seule était déjà trop pour moi, mais en plus, les médecins le qualifiaient d'handicapé ! Quelle injustice ! Je m'étais occupée des enfants de mes aînés, qui avaient tous si bien grandi, mais voilà que je me retrouvais, moi Sabine, à élever seule un enfant autiste. L'humiliation et le rejet vécus lors de ma grossesse n'étaient-ils pas suffisants ?

Je ressassais sans cesse les paroles de Lionel à la suite de l'annonce de ma grossesse : « *Tu vas souffrir avec cet enfant* ». Ces mots revenaient chaque jour, j'avais l'impression que l'on me les martelait sur la tête. Comme si ça ne suffisait pas, certaines personnes m'indexaient d'être à l'origine de l'état de mon enfant. Je souffrais déjà d'avoir un enfant différent, et voilà qu'on m'accusait d'être la cause de son malheur. C'est triste à dire, mais certaines personnes peuvent cruellement manquer de compassion devant la douleur des autres.

Face à tout cela, ma consolation restait ma relation avec Dieu. Si dans mes prières, je demandais au Ciel « *pourquoi ?* », dans mes songes, Johan parlait de façon audible. On entretenait même des conversations ! Mais dans la vie quotidienne, il n'y arrivait pas et poussait des cris stridents, comme s'il n'avait pas le contrôle de son corps. Je me sentais impuissante.

Une bouffée d'air arriva dans mon quotidien lorsqu'après plusieurs tentatives, je finis par retrouver la trace de mon grand-père, du moins celle de sa femme. Douze années s'étaient écoulées depuis mon arrivée en Allemagne. Durant toutes ces années, je l'avais cherchée avec son nom de jeune fille alors qu'elle avait gardé son nom d'épouse : Etoundi.

Nous avons échangé par téléphone. Elle m'avait reconnue tout de suite, étonnée de savoir que je vivais en Allemagne depuis tout ce temps. Elle me parlait de mon grand-père, de leur rencontre, de leur vie. Ils s'étaient rencontrés en décembre 1964 et s'étaient mariés le 08 août 1981. Deux ans plus tard, mon grand-père était décédé. J'étais arrivée en retard. Si seulement j'avais pu retrouver sa trace dès mon arrivée en Allemagne, j'aurais pu voir sa tombe et peut-être même la ramener dans son village natal au Cameroun, afin qu'il reçoive les honneurs en sa qualité de martyr de la nation[12].

Malheureusement, la durée de « vie » des tombes était de 25 ans, et passé ce temps-là, celles-ci étaient détruites. L'épouse de mon défunt grand-père me confia qu'il avait fait des études en mathématiques. Il avait aussi entamé son doctorat, mais n'avait jamais pu graduer. Elle m'envoya des photos de lui et de leur mariage. Je fus très émue de le voir, car les photos que Maman avait étaient toutes floues ; il était toujours impossible de savoir à quoi il ressemblait vraiment. Je pouvais clairement dire que je lui ressemblais : mon front, mes grands yeux noirs, mon nez fin et ma bouche me venaient de lui. On aurait dit son sosie au féminin !

J'étais très touchée d'avoir la chance de connaître l'autre côté de l'histoire de mon grand-père ; je ne l'avais connu que comme l'un des fondateurs d'un parti politique, qui avait dû demander l'asile en Allemagne parce qu'on en voulait à sa vie.

*

---

[12] À titre posthume

À la suite de cet épisode émouvant, ma bataille continua. Avec le peu de connaissances que j'avais, je commençais à chercher des passages bibliques pour comprendre notre situation. Je lisais Jean 9, qui parlait de la guérison d'un aveugle-né. Les disciples de Jésus lui avaient demandé qui des parents de ce dernier avait péché pour qu'il naisse aveugle. Sa réponse m'avait donné beaucoup de courage : « Ce n'est pas que lui ou ses parents aient péché, mais c'est afin que les œuvres de Dieu soient révélées en lui ».

Cet homme était né aveugle pour révéler la gloire de Dieu et la suite du passage nous décrit clairement sa guérison. Il devenait donc évident pour moi que le handicap de Johan était pour la gloire de Dieu ; après tout ne m'avait-il pas dit de le nommer « Dieu fait grâce » ? Mais intégrer cette vérité dans ma vie quotidienne n'était pas évident.

La patience n'avait jamais fait partie de mes qualités, mais j'ai dû l'acquérir de la plus rude des manières. Il me semblait évident que je devais faire quelque chose pour sauver mon fils, hormis toutes les thérapies qu'il suivait, prescrites par son pédiatre et les activités dans son école spécialisée. La méditation de la Bible m'aida à trouver la solution. Je lisais Matthieu 17 et Marc 9.

Ces passages bibliques racontaient l'histoire d'un père cherchant la guérison de son fils qui était sous influence démoniaque. Les disciples de Jésus étaient incapables de sauver l'enfant, mais celui-ci fut délivré à la suite de l'intervention de Jésus. Ce qui attirait mon attention dans ce passage, c'est le fait qu'il donnait une solution révélatrice à ses disciples en leur disant : « *Cependant, cette sorte de démons ne sort que par la prière et le jeûne* ».

Désormais, la prière et le jeûne étaient mes solutions pour venir à bout de ce problème qui empêchait mon enfant d'avoir une vie normale. Mais comment trouver le temps pour prier, avec mon travail et les occupations quotidiennes ? Je faisais mon possible pour avoir une vie de prière prospère, mais je n'y arrivais pas. J'avais l'impression que l'atmosphère, dans laquelle je vivais m'empêchait de prier. Il fallait créer une atmosphère de prière, mais avant tout j'avais besoin d'être formée sur le combat spirituel.

Beaucoup de choses m'échappaient, alors j'ai commencé à écouter les enseignements du pasteur fondateur des églises Vase d'honneur. Je l'avais découvert sur Internet en 2015 lorsqu'il donnait un enseignement sur le désert. Cet enseignement avait littéralement changé ma vie et depuis ce jour, je suivais de près son ministère jusqu'à faire partie intégrante de son église en ligne. Je voyais comment à travers son ministère « Messages de vie » et les tournées d'évangélisation dans plusieurs villes, des personnes étaient sauvées et donnaient leurs vies à Jésus-Christ.

Je voyais des malades être guéris et délivrés pendant son culte intitulé Le samedi des miracles. Je suis devenue une fidèle de tous ses programmes, notamment Night Fire, l'école des prophètes intercesseurs, une formation biblique sur les différents types de prières d'intercession pour les nations et pour nos vies. Il me fallait grandir dans la foi pour être une aide pour mon fils.

Mais les années passaient et Johan demeurait dans cet état. Quelques améliorations étaient visibles, mais il ne parlait toujours pas. Je priais pour lui, mais j'avais l'intime conviction que mes prières n'étaient pas suffisantes. Il ne s'agissait plus de faire la simple prière du *Notre Père* ou de réciter un chapelet ou le rosaire ; je devais utiliser d'autres armes spirituelles. Je savais que je devais changer ma façon de prier, mais je n'avais aucune idée de comment.

Mon grand-père Joseph Etoundi

Mariage de mon grand-père

En effectuant des recherches, je suis tombée sur l'école d'Esther, le ministère de délivrance d'une femme de pasteur. Je suivais ses interventions sur les réseaux sociaux sans réellement m'investir. Elle organisait des programmes de prière ciblée et en pleine pandémie, elle a reçu la révélation : celle de commencer un programme spécial de délivrance pour les enfants.

Lorsque je décidai de m'inscrire pour y participer, je tombai malade au point où je fus hospitalisée pendant deux semaines. Je manquai donc le premier programme. Je me sentais tellement mal ! Mon fils avait 7 ans et j'étais en stress permanent de savoir qu'il pourrait demeurer dans cet état toute sa vie. Miraculeusement, elle fit un autre programme de délivrance pour enfants.

Cette femme qu'on surnommait Maman Tsala, connaissait ma douleur, elle avait un fils un peu plus âgé que le mien qui souffrait des mêmes maux. Il n'avait pas parlé avant l'âge de 8 ans, et ce, après que sa mère commence ces fameux programmes de prière de délivrance. Son témoignage me donna la force et le courage de m'investir pleinement dans ce programme.

En toute honnêteté, je n'avais jamais prié comme ça de toute ma vie. Ces moments de prière n'avaient rien à voir avec ceux que j'avais vécus en famille. Au contraire, ils étaient beaucoup plus intenses : des prières de combat où les principales armes sont l'adoration, la louange et la supplication à notre Dieu créateur et Père, la repentance profonde (la prière qui ouvre les écluses des cieux) de nos péchés, ceux de nos parents, de nos ancêtres et de nos enfants. Des prières où le feu de l'Esprit Saint, le sang de Jésus, l'épée du carnage des anges et la méditation de la parole de Dieu sont des armures pour le combat. J'étais épuisée, mais j'ai tenu bon pendant les 40 jours dudit programme.

Peu avant la fin du programme, je fis un songe qui me révélait enfin l'origine des troubles de mon enfant. En fait, il souffrait d'une attaque qui m'était destinée. Dieu dans son amour, n'avait pas permis que je puisse être atteinte. C'est mon fils qui se formait dans mon ventre, qui fut mon bouclier. Dans ce rêve, je voyais la grande sœur de Lionel et son amie aller chez un féticheur dans le but de nous séparer. Elle voulait avoir le contrôle sur son frère, mais avec moi à ses côtés, cela était impossible. Il ne fallait pas que l'étoile de Lionel brille plus que la sienne, raison pour laquelle il devait épouser la petite sœur de son amie. Le trio me lançait donc une attaque mystique afin d'éloigner définitivement Lionel de moi, le but étant de me rendre folle afin qu'il éprouve du dégout à mon égard. C'est justement à cette même période que je concevais mon fils.

Cette nuit-là, je me réveillai en sursaut. Je n'arrivais pas à croire ce que j'avais vu et entendu dans mon rêve. Je fondis en pleurs, ressassant tous les événements survenus depuis le début de ma relation avec Lionel. Après temps de prière intense, sans relâche, le Seigneur répondait enfin à la question que je lui avais posée plusieurs fois : pourquoi moi, pourquoi mon fils ? Je n'arrivais pas à le croire, mais je devais faire confiance à ce que l'Esprit de Dieu m'avait révélé.

À la suite de ce rêve, le Seigneur me conseilla d'emmener mon fils chez Maman Tsala pour qu'elle puisse prier pour lui et lui imposer les mains, chose que je fis. Pendant cette rencontre, elle confirma que ce que j'avais vu était réel et que je devais insister dans la prière de délivrance pour sauver mon fils.

C'est après ce temps que Dieu me mit à cœur d'écrire cette histoire : non pas comme sept ans plus tôt, lorsque j'avais encore beaucoup de colère et de rancœur en moi, mais avec ce recul et avec ses mots à Lui, pour qu'à travers ce livre, Il soit glorifié, des vies soient sauvées et que des personnes donnent véritablement leurs vies à Jésus comme leur Seigneur et Sauveur.

Lorsque j'ai commencé à écrire ce livre, j'ai vu la main de Dieu sur moi. Je ne voulais plus que mon fils parle par peur ou par honte qu'il soit différent des autres, mais pour lui apprendre à lire la Bible, et pour qu'ensemble nous puissions méditer la parole de Dieu et prier. Mon regard sur la vie avait encore changé. Je n'avais qu'une hâte : reprendre ces moments de prière. Je m'intéressais de plus en plus aux enseignements relatifs au combat spirituel.

Pendant ses partages, le pasteur Sanogo insistait en disant que ce combat n'est pas destiné aux hommes qui nous font du mal, mais que nous devions nous approprier le passage d'Éphésiens 6:12 qui dit : « *Car nous n'avons pas à lutter contre la chair et le sang, mais contre les dominations, contre les autorités, contre les princes de ce monde et des ténèbres, contre les esprits méchants dans les lieux célestes.* » Cela me rappelait les propos de Papa. Je changeais donc ma stratégie de prières.

Un jour, lors d'un *Samedi des miracles*, j'expérimentais quelque chose d'extraordinaire. Ce samedi soir, le pasteur parlait de la bénédiction que les enfants de Dieu ont reçue du créateur du ciel et de la terre. Cette dernière implique que tous les enfants de Dieu sont bénis à l'arrivée et au départ, dans tout ce qu'ils entreprennent. Dieu donne à ses enfants la bénédiction d'achever tout ce qu'ils commencent. Ma prière à Dieu pendant le culte était qu'il m'aide à finir les prières de combat pour mon fils. Le pasteur continua sa prédication jusqu'au moment où nous devions commencer à prier pour les malades. Je ne sais à quel moment je me suis endormie.

Dans mon rêve, je voyais le pasteur avec son acolyte ainsi qu'un homme malade et une femme qui avaient besoin de prières. J'étais avec Johan. Les pasteurs ont commencé à prier pour cet homme et il fut guéri instantanément. Le pasteur Sanogo vint vers mon fils, lui imposa les mains en priant et nous le rejoignîmes. Il indiqua à la femme qui était présente de me toucher au niveau de la poitrine et me demanda : « *Sens-tu cette boule dans ta poitrine ?* ». Je répondis par la négative.

Soudainement, il me tint au niveau des hanches et me dit : « *Sens-tu le feu en toi ? Touche ton bras* ». Alors je touchais mon bras et sentis une forte chaleur s'en dégager. Il ajouta : « *C'est le feu du Saint-Esprit en toi qui consume tout ce qu'on y avait introduit lorsque tu étais enceinte de ton fils.* » Il me prit sur le côté et me fit me courber pour que ces choses puissent sortir de moi. Je m'accroupis et un bébé mort-né sortit de mes entrailles. J'étais en train d'accoucher ! Tout le monde se mit alors à prier.

Alors, ils me racontèrent que j'avais été victime de sorcellerie et que c'est ce bébé, introduit en moi pendant ma grossesse, qui était responsable de la condition de mon fils depuis sa naissance. Ils reprirent les prières en imposant les mains à Johan et en répétant : « *Seigneur, délie la langue de cet enfant afin qu'il parle, au nom puissant de Jésus Christ* ». Après quelque temps, ils me dirent de prendre mon fils, parce que le Seigneur l'avait délivré et qu'il parlait. J'avais de la peine à croire ce qui venait de se dérouler et c'est à ce moment précis que je me réveillai.

En jetant un coup d'œil à mon écran, je constatais que le pasteur était à la fin de sa prière pour les malades et demandait qui dans l'assemblée et sur Internet avait expérimenté le miracle de Jésus dans sa vie. J'étais stupéfaite, mais certaine que Christ avait agi pour notre délivrance. J'appelai aussitôt Maman pour lui raconter tout ce qui venait de se passer et elle me dit : « *Le Seigneur vient de te montrer votre délivrance, il faut croire en ce rêve, Il vous a délivré. Nous allons persévérer dans la prière ».*

J'étais si bouleversée, je remerciais le Seigneur. C'était un signe. J'avais désormais la certitude que Dieu mènerait à bien ce qu'Il m'avait promis concernant Étienne Johan, car il n'est pas un homme pour mentir. La délivrance de mon fils est là !

Conclusion

Couronnée d'épines n'est pas qu'un simple récit de vie. À travers ce livre et les histoires qui y sont relatées, je voulais transmettre de l'espoir à toutes les personnes qui se retrouvent à faire face aux épreuves difficiles. Être dans la fournaise de l'épreuve n'a rien de joyeux. Vivre ces situations difficiles m'a fait me questionner à maintes reprises sur l'existence et la présence de Dieu dans ma vie. Le plus frustrant était de ne pas comprendre pourquoi du jour au lendemain ma vie prenait une tournure que je n'avais pas planifiée.

Lors des épreuves, qu'elles soient longues ou de courte durée, nous sommes testés et notre foi, elle, est mise à rude épreuve. Cela nous affecte à tous les niveaux : spirituel, émotionnel, psychologique, physique, relationnel, voire financier. Je me rappelle que pendant ma grossesse, j'avais le sentiment que mon ennemi, le diable, faisait tout son possible pour m'affecter et me détruire. Tout était fait pour que je m'effondre. La preuve, j'étais au bord du suicide, prête à passer à l'acte, car la pression était trop grande pour moi. Dieu est venu changer la donne. En un instant, Il a ravivé l'espoir en moi, alors que je ne voyais plus d'avenir. Il a juste fallu que je reçoive un peu de foi, de la hauteur d'un grain de blé. Garder les yeux fixés sur Dieu m'a permis d'encaisser tous les coups que je recevais, avec espoir que ça irait mieux pour la suite. Cela m'a aidée à tenir ferme, même lorsque les épreuves se sont de nouveau présentées à moi, avec le diagnostic d'autisme.

La réalité, c'est que si notre foi est affectée par les événements et les crises que nous traversons, alors c'est toute notre vie qui le sera. La seule manière de passer à travers ces épreuves, c'est de ne pas changer notre vision du Père que nous avons en Dieu. Il opère encore des miracles aujourd'hui.

Je me dis que s'Il a réussi à faire passer le peuple d'Israël à travers la mer Rouge, il est capable de nous faire sortir de toute situation, aussi complexe soit-elle. J'ai dû croire contre toute espérance, au risque de voir l'angoisse, le stress, l'anxiété et la dépression prendre le dessus sur mes lendemains. J'ai dû croire, oui, mais cela n'a pas exclu les moments de doute qui surgissaient parfois à l'improviste. À plusieurs reprises pendant que je traversais ces tempêtes dans ma vie, je me suis demandé si j'étais aimée de Dieu. Le fait qu'Il permettre de telles épreuves dans ma vie était pour moi incompatible avec l'amour. Pourtant, je devais accepter que mes propres choix m'avaient conduit à ce carrefour de ma vie. J'ai compris pourquoi en dehors du cadre du mariage, le sexe n'apportait que la désolation. Et j'en ai payé le prix fort.

Dans l'épreuve, nous avons tendance à rejeter la faute sur les autres, sur Dieu. Mais dans la plupart des cas, nous sommes très souvent responsables de ce qui nous arrive. Dans ce cas, une des solutions pour raccourcir le temps de l'épreuve est la repentance. Demandons sincèrement pardon à Dieu de l'avoir offensé. Cet acte peut sembler anodin, mais très libérateur. Dans ma lutte acharnée à vouloir quitter cette épreuve que je traversais, j'avais omis l'essentiel : demander pardon à Dieu d'avoir souillé mon corps. Je devais pardonner et demander pardon, deux clés pour sortir de l'épouvante de la fournaise.

J'ai appris que l'épreuve ne vient pas pour nous tuer, mais pour nous enseigner, nous donner de nouvelles perspectives en Christ. Certes, personne ne veut passer par l'humiliation, la désolation ou la tristesse pour être enseigné, mais regardons les épreuves comme un tremplin vers notre destinée. Ce face à face avec Dieu, j'en ai profité, et j'en suis sortie transformée, aiguisée, et apte pour ce qu'Il m'appelait à faire. Il utilise très souvent les épreuves pour nous révéler notre appel, et c'est ce qu'Il a fait dans mon cas.

Soyez donc attentifs et profitez de votre temps d'épreuves : cette période de désert regorge de nombreux trésors. Je sais, entrevoir des diamants dans un désert est difficile, mais faites-moi confiance, vous y parviendrez.

Pour finir, au travers de mon histoire et celle de Johan, je voudrais apporter un regard nouveau sur l'autisme, notamment en Afrique. D'aussi longtemps que je me souvienne, les enfants autistes sont considérés comme des enfants-sorciers dans mon pays d'origine, et sont très souvent marginalisés. Il devient impératif de briser les préjugés, de sensibiliser, d'éduquer les personnes et surtout les familles avec des enfants autistes sur cette maladie handicapante.

L'association *Couronnes de Joie*, dont je suis l'initiatrice a pour mission de venir en aide à ces enfants dans le but de changer les regards et de vaincre l'autisme en Afrique en général et au Cameroun en particulier. En achetant ce livre, vous avez contribué à l'élaboration, la réalisation et le suivi de ce noble projet de solidarité et d'entraide. Je crois fermement qu'ensemble, nous ferons des exploits.

Couronnes de Joie

Les fondements

Couronnes de Joie est un projet d'association initié par quatre jeunes femmes qui, pour la plupart, se sont rencontrées sur les bancs du collège François Xavier Vogt de Yaoundé, au Cameroun.

Notre vision

Couronnes de Joie souhaite aider les personnes démunies et accablées par les épreuves dont les perspectives sont très limitées, afin de leur apporter de la joie et leur procurer de l'espoir.

Notre mission

L'association Couronnes de Joie a comme mission d'apporter un appui financier, un suivi psychologique et un accompagnement au niveau juridique, professionnel et social aux veuves, aux orphelins dans des situations très précaires et aux jeunes personnes en situation de conflit en Afrique et particulièrement au Cameroun.

L'un des buts majeurs de cette association est de construire un réseau d'entraide et de solidarité pour les familles ayant des enfants spéciaux, atteints de handicap ou de maladies comme le spectre de l'autisme. Ce réseau viendra éduquer et changer les mentalités sur la question des maladies handicapantes au Cameroun, mais aussi sensibiliser les familles qui vivent au quotidien avec ces enfants.

Appel au soutien

Dans l'optique de la construction d'un vaste réseau de solidarité, Couronnes de Joie fait appel aux bénévoles et spécialistes (écoles, médecins, pédiatres, psychologues, psychoéducateurs, orthophonistes, ergothérapeutes…), ainsi qu'aux âmes de bonne volonté qui souhaitent apporter leur pierre à l'édifice pour la matérialisation de ce projet.

Nous sommes conscientes que notre mission nécessite un investissement humain mais également financier.

Nous vous invitons par vos dons, à repousser les limites afin de procurer de la joie à ces personnes, ces enfants qui souffrent, à cause du poids de l'épreuve, de la maladie, et de l'impuissance de leur entourage.

Vous souhaitez avoir plus d'informations sur Couronnes de Joie ? Visitez le site couronnesdejoie.org ! Ensemble rêvons pour aider et construire.